27
L n 13427.

EXAMEN CRITIQUE

DE L'OUVRAGE INTITULÉ

ÉTIENNE MARCEL

ET

LE GOUVERNEMENT DE LA BOURGEOISIE

AU XIVe SIÈCLE

PAR M. F.-T. PERRENS

Professeur au lycée impérial Bonaparte

PAR M. SIMÉON LUCE

AUXILIAIRE DE L'INSTITUT IMPÉRIAL DE FRANCE

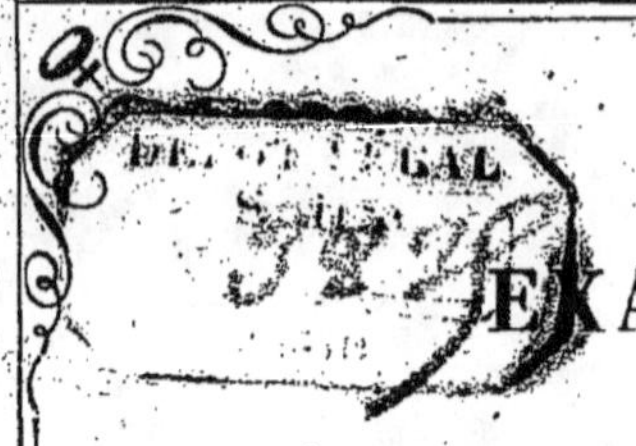

PARIS

AUGUSTE DURAND, LIBRAIRE

RUE DES GRÈS, 5

1860

EXAMEN CRITIQUE

DE L'OUVRAGE

INTITULÉ :

ÉTIENNE MARCEL

ET LE GOUVERNEMENT DE LA BOURGEOISIE AU XIVᵉ SIÈCLE

(1356-1358),

par F.-T. PERRENS.

Paris, L. Hachette, 1860, 1 vol. in-8° de i-xi et 1-440 pages.

Un ouvrage historique peut se recommander de deux manières : par les documents inédits et les faits nouveaux qui s'y trouvent rassemblés, ou bien par un emploi meilleur des textes déjà connus ; il est parfait si ces deux genres de mérite y sont réunis. Je me propose d'examiner successivement à ces différents points de vue le livre de M. Perrens.

PREMIÈRE PARTIE. — L'AUTEUR D'*Étienne Marcel* A-T-IL APPORTÉ A LA SCIENCE DES FAITS NOUVEAUX ET DES DOCUMENTS INÉDITS?

Je préviens le lecteur que j'entrerai ici dans un examen détaillé et précis qui, par conséquent, pourra sembler quelquefois minutieux. Mais c'est par la manière dont un écrivain traite ces détails, parfois futiles en apparence, qu'on peut le mieux apprécier, d'abord l'étendue de son savoir et la sûreté de sa critique, ensuite sa conscience et son exactitude. La sécheresse des moyens doit donc disparaître devant l'importance du but.

M. Perrens a publié à la fin de son livre vingt-cinq pièces justificatives. De ces vingt-cinq, deux (n°ˢ 1 et 2) avaient été déjà pu-

1

bliées par M. Leroux de Lincy ; deux autres (n°° 3 et 16), par MM. Kervyn de Lettenhove et Henri Martin. Il pouvait sembler inutile de publier de nouveau ces lettres de Marcel, si intéressantes d'ailleurs ; l'auteur d'*Étienne Marcel* en a jugé autrement. Du reste cet écrivain a indiqué, comme c'était son devoir, les auteurs et les ouvrages qui lui ont fourni ces quatre documents. Il reconnaît également qu'une autre de ses pièces justificatives avait eu déjà Secousse pour éditeur. Pourquoi n'a-t-il pas jugé à propos de faire le même aveu pour cinq autres pièces (n°s 4, 22, 23, 24, 25), qui ont été comme la précédente publiées par le savant académicien ? (*Preuves de l'histoire de Charles le Mauvais*, p. 97, 128, 115, 162, 160). C'est ce que je ne saurais dire. Si M. Perrens, comme une note de son livre (p. 48, n. 1) peut le faire supposer, croit publier le premier ces documents, il commet une erreur d'autant plus singulière qu'il a dû avoir sans cesse entre les mains le recueil de Secousse.

Quoi qu'il en soit, il n'y a de nouveau dans les pièces qu'il réimprime que le déplorable système suivi pour leur publication. L'auteur d'*Étienne Marcel*, qui s'est chargé de rendre compte des soutenances pour le doctorat devant la Faculté des lettres de Paris, a sans doute entendu dire, et avec grande raison, au savant doyen de cette Faculté qu'il faut user le moins possible des signes d'accentuation, quand on édite des textes du moyen âge, parce qu'ils ont le grave inconvénient de préjuger des questions de prononciation non encore résolues. Poussant à l'absurde ce principe excellent, M. Perrens ne met ni apostrophes ni accents aigus, pas même sur la voyelle finale des mots qui dans notre système d'accentuation actuelle en sont affectés. Il suit de là que dans maint passage de ses pièces justificatives on ne sait si l'on doit lire : destre (de dextera), ou d'estre, leust (de liceret) ou l'eust ; conte ou conté, ame ou amé, loyaute ou loyauté, reserve ou réservé, confesse ou confessé, gastes et incultives ou gastés et incultivés ; ose, considere, machine, pourpense, appense, ou osé, consideré, machiné, pourpensé, appensé. Une telle hésitation rebute et fatigue le lecteur ; d'ailleurs, si le contexte donne dans la plupart des cas les moyens de sortir d'embarras, on n'y réussit cependant pas toujours.

Les trois pièces qui dans l'ouvrage de M. Perrens portent les n°s 7, 12, 17 ont été publiées, comme il en avertit lui-même pour les deux premières, dans l'*Histoire de la Jacquerie* (p. 225 et 217) ;

la troisième dans l'avant-dernière livraison de ce recueil (p. 83).
Les pièces inscrites sous les n°s 5, 6, 10, 11, 13, 14 ont été pareillement, sinon publiées *in extenso*, du moins indiquées, analysées ou citées dans l'*Histoire de la Jacquerie* (p. 89, 68, en note, 179, 182, 181, 184, en note).

Une chose remarquable, c'est que le texte des documents publiés en entier dans l'*Histoire de la Jacquerie* est parfaitement établi dans le livre de M. Perrens. Au contraire, le texte des pièces qui ne sont qu'indiquées ou analysées dans le premier de ces ouvrages est tout à fait fautif dans *Etienne Marcel*.

Voici quelques exemples de ces mauvaises leçons; je n'ai relevé que les plus vicieuses, celles qui rendent la phrase tout à fait inintelligible ou qui en dénaturent le sens. M. Perrens enrichit la géographie de la France de deux nouvelles localités dont l'une a nom SANNETE (p. 387, l. 15), et l'autre BARPONT (p. 398, ligne 23); lisez : *sauveté* et *Bar pour*. En revanche, qui reconnaîtrait le bourg d'Écouen sous cette forme : DESCONNEUZ (p. 399, l. 5), tandis qu'il faut lire : d'*Escouvenz ?* Qui se douterait que ESTANEGUY (p. 245, l. 21) désigne le village d'*Étavigny*, lorsque la bonne leçon était si facile et si simple : *Estavegny ?* EUST (p. 387, l. 28) est mis pour *Ensievant;* SENS ON (p. 418, l. 7), pour *s'ensuient ou;* PREVOST (p. 388, l. 1), pour *prist et;* AUX (p. 391, l. 11), pour *oïr;* ACCEPTANT LES (p. 394, l. 4), pour *exceptant des;* FURTIZ (p. 394, l. 8), pour *fuitiz*, de fugitivi; ADIOURNER (p. 392, l. 26, et p. 398, l. 9), pour *adjourner;* DANS (p. 397, l. 18), pour d'*aucun;* EN (p. 397, l. 20), pour *eu;* DEPORTER (p. 397, l. 26), pour *departir;* RENAUCHENT (p. 400, l. 17), pour *revanchent;* A NOUS (p. 417, l. 24), pour *avons;* ET (p. 419, l. 4), pour *es;* SORTE (p. 419, l. 7), pour *force;* TRAITIENS (p. 420, l. 15), pour *traictiers;* TRUENT (p. 398, l. 24), pour *traient*. L'infinitif *penre* est transformé en PEURS (p. 393, l. 5); le participe passé *aduné* devient un je ne sais quoi, c'est-à-dire ALONNE (p. 392, l. 20); et il faut deviner que cette forme chimérique : TUSSE (p. 399, l. 23) n'est autre chose qu'une *casse*. M. Perrens a supprimé en plusieurs endroits les mots qu'il ne pouvait pas lire (p. 388, l. 5 : deuement, et, l. 26 : tantost; p. 398, l. 9 : aus quels jour et lieu; p. 399, l. 19 : avoit). On doit lui reprocher de n'avoir pas averti le lecteur de ces omissions et de ces lacunes trop nombreuses pour être le fait de l'inadvertance.

1.

L'auteur d'*Étienne Marcel* a pris soin dans sa préface (p. 7, l. 6 et 7) d'informer le public qu'il avait appris la paléographie. J'aime à croire que personne ne sera tenté désormais de lui contester l'utilité d'une telle précaution.

Je l'ai dit et je le répète, les pièces qui n'ont été qu'indiquées, analysées ou citées dans l'*Histoire de la Jacquerie* sont les seules où l'on trouve les fautes grossières dont je viens de citer quelques exemples. Au contraire, le texte des documents qui avaient été déjà publiés dans l'ouvrage précité est établi avec une pureté et une correction remarquables dans le livre de M. Perrens. J'invite le lecteur à se convaincre par lui-même de ce curieux contraste dont l'auteur d'*Étienne Marcel* aurait pu seul nous donner l'explication. Si cet écrivain ne l'a pas fait, c'est que sans doute il avait ses raisons pour agir ainsi; je laisse à d'autres le soin de les pénétrer.

Je me résume. Des vingt-cinq pièces justificatives de M. Perrens, deux avaient été déjà publiées par M. Leroux de Lincy, deux par M. Kervyn de Lettenhove, six par Secousse, trois par l'auteur de l'*Histoire de la Jacquerie*, qui en avait aussi indiqué, analysé ou cité six autres. Il suit de là que six pièces seulement sur vingt-cinq (n°s 8, 9, 15, 18, 20, 21) sont entièrement neuves, inédites, et appartiennent en propre à leur premier éditeur : voilà au juste en quoi consiste le contingent de faits nouveaux et de documents inédits que cet écrivain apporte à l'histoire dans son livre sur Étienne Marcel.

Il y a bien quelque part dans cet ouvrage une note (p. 108, en note, et p. 109) qui tendrait à insinuer que la moisson a été plus abondante : « On trouvera, dit M. Perrens, dans les notes de ce travail les documents du Trésor des Chartes indiqués tantôt par le numéro de la pièce, tantôt par celui du feuillet où ils se trouvent. L'emploi du premier mode, déjà adopté par mes devanciers, indique qu'ils avaient fait usage du document que je cite après eux; *je renvoie au feuillet du registre toutes les fois que je crois être le premier à avoir eu connaissance d'une pièce, ou du moins à m'en servir.* »

J'en demande bien pardon à M. Perrens; mais les documents pour lesquels il renvoie au feuillet ne sont ni plus inédits, ni plus inconnus, ni plus neufs que ceux pour lesquels il donne le numéro de la pièce. Par exemple (p. 148, 200, 225), il renvoie au feuillet d'une pièce publiée par Secousse, qui s'en est servi (*Preu-*

ves de l'Hist. de Ch. le M., p. 97). A propos d'une citation faite
dans une note (p. 190 et 191), M. Perrens dit que le texte dont
il s'agit n'a jamais été publié à sa connaissance. Il n'en est pas
moins vrai que ce texte avait déjà été mis au jour dans l'avant-
dernière livraison de ce recueil (p. 91). L'auteur d'*Étienne Marcel* renvoie quelque part au feuillet d'une pièce indiquée et ana-
lysée par Secousse (*Hist. de Ch. le M.*, t. I, p. 198 et 199), et
publiée dans l'*Histoire de la Jacquerie* (p. 214 et 215). Une
pièce qui est indiquée ailleurs par le f° (p. 329), que l'on donne
par conséquent comme inédite, neuve et inconnue, n'en a pas
moins été publiée *in extenso* par Secousse, qui en a fait usage
(*Preuves de l'Hist. de Ch. le M.*, p. 83). Deux lettres de rémission pour Martin et Jean Pisdoie, présentées aussi dans un autre
endroit comme neuves et inconnues (p. 338, n. 3, et p. 346,
n. 1), ont été analysées et citées il y a trois ans dans ce recueil
(t. XVIII, a. 1857, p. 417). La prétention de priorité pour la mise
en œuvre de ces deux dernières pièces a d'autant plus lieu de
surprendre de la part de M. Perrens qu'il a parfaitement connu
le travail dont elles font partie intégrante, comme le prouve une
longue note de son livre (p. 314). Les lettres de rémission pour
Étienne de la Fontaine (et non Lafontaine) que M. Perrens indique
par le f° (p. 187), et donne par conséquent comme inédites et
neuves, ont été depuis longtemps mises en œuvre et publiées en
entier par M. Douet d'Arcq (*Comptes de l'argenterie des rois de
France*, p. 191).

En réalité, et ce n'est pas la faute de l'auteur d'*Étienne Marcel*
si l'on n'est pas persuadé du contraire, il n'y a dans tout le vo-
lume de M. Perrens qu'une pièce qui soit indiquée pour la première fois par cet écrivain, les lettres de rémission pour Thomas
Fougnant (p. 204 et 274).

Que l'on ajoute ce document aux six pièces reconnues inédites
dont nous avons parlé plus haut, et l'on aura, de compte fait, le
nombre exact des matériaux entièrement nouveaux dont l'histoire est exclusivement redevable à M. Perrens.

Des six pièces inédites publiées par M. Perrens, il y en a trois qui
n'ont nullement la portée qu'il leur prête. La première (n° 8, p. 390)
est une lettre de rémission délivrée au mois de novembre 1358
à un certain Jean Derouer poursuivi et proscrit, parce qu'il avait
été retenu par la grossesse de sa femme dans Melun, lorsque
« les ennemis de Monseigneur et de nous », est-il dit dans ce do-

cument, étaient venus occuper cette ville. L'auteur d'*Étienne Marcel* cite ce fait (p. 264), comme un exemple de la vengeance cruelle que le régent tira de la Jacquerie; il semble croire, par conséquent, que cette occupation de Melun se rattache à l'insurrection des paysans; car autrement il serait tout à fait déplacé de rapporter cet incident à propos des châtiments infligés à ceux qui avaient trempé ou que l'on accusait d'avoir trempé dans les effrois. Or, ni cette pièce, ni le fait qui y est raconté, n'ont de rapport, même éloigné, avec la Jacquerie. Les ennemis du roi dont il est ici question ne sont pas les Jacques, mais les Navarrais qui, le 4 août 1358, s'emparèrent de la partie de Melun située du côté du Gatinais. (Secousse, t. J, p. 321 et Perrens, p. 332.)

Ce n'est pas moins arbitrairement que M. Perrens (p. 269 et 270) voit un épisode de la contre-jacquerie dans les lettres de grâce délivrées à un certain Jean Fillon (p. 399), lorsqu'il n'y a en réalité dans cette pièce qu'un simple fait de brigandage commis par les hommes d'armes du régent. Ces lettres ne disent qu'une chose, c'est que l'incident qui y est rapporté se passa au temps des effrois, le 24 juin environ. *Elles ne disent nullement que Jean Fillon eût jamais été accusé ou seulement soupçonné d'avoir pris part à ces effrois.* Or, la mention de ces accusations ou de ces soupçons se rencontre TOUJOURS dans les lettres de grâce accordées à l'occasion et pour un fait de Jacquerie.

L'auteur d'*Étienne Marcel* ne fait pas preuve d'une critique plus sûre lorsqu'il dit (p. 337), en analysant des lettres de rémission octroyées à Étienne Reservie, que ce Reservie fut *chef de brigands, c'est-à-dire*, ajoute M. Perrens, *de la Jacquerie.* Étienne Reservie est désigné dans ces lettres (n° 20, p. 413) comme « bourgois de Paris et capitaine de plusieurs brigans, ou temps que ladite ville estoit de guerre contre nous. » Cela ne veut pas dire le moins du monde que ce personnage fut un chef de la Jacquerie. Tout ce qu'on peut inférer de ces lignes, et nous le savions d'ailleurs par d'autres documents, c'est qu'Étienne Reservie fut, comme Pierre Gilles, comme Pierre Desbarres, comme Jean Vaillant, capitaine d'un certain nombre de gens d'armes soudoyés par la commune de Paris. Rien même ne nous donne lieu de penser que ce bourgeois ait reçu mission, ainsi que les trois autres dont je viens de citer les noms, d'appuyer les Jacques et de se joindre à eux.

Si donc M. Perrens est le premier et le seul qui nous ait fait connaître les sept pièces dont je viens de parler, il en est trois où cet écrivain a vu ce qui n'y est réellement pas. Ces sept documents sont d'ailleurs fort courts et n'offrent, l'auteur d'*Étienne Marcel* lui-même doit en convenir, qu'un intérêt tout à fait secondaire.

M. Perrens a obtenu, sur ses vives instances, communication du manuscrit d'une *Histoire de la Jacquerie* ; en conséquence, il ne pouvait pas ne pas faire à cet ouvrage l'honneur de le mentionner quelquefois. Il a même, Dieu me pardonne ! jugé à propos de reconnaître par-ci par-là qu'il était redevable de quelque chose à l'auteur de ce livre. Seulement, toutes les fois qu'il lui arrive d'avoir cette gracieuseté, c'est toujours à propos d'une futilité, d'une vétille insignifiante, d'un rien en un mot. Ici, par exemple (p. 247), c'est au sujet de Cale qui est une variation de Charles ; là (p. 256), il s'agit du meurtre des Picquigny ; ailleurs (p. 269), il est question d'un pèlerinage à Notre-Dame de Roc-Amadour ; dans un autre endroit enfin (p. 252), de la maison de Pierre Gilles située dans la rue Saint-Denis. Quelle pauvre idée les lecteurs de M. Perrens doivent avoir d'un livre qui, malgré la spécialité de son titre, n'a pu rendre que d'aussi minces services ! En même temps, émerveillés d'une probité littéraire qui pousse le scrupule jusqu'à s'étendre à ces infiniment petits, ils doivent se dire : Quelle conscience a M. Perrens qui ne peut prendre sur lui d'emprunter de pareilles vétilles sans nommer l'auteur à qui il en est redevable ! quelle conscience ! Mais j'ai probablement tort de vouloir faire sur ce point le procès à l'auteur d'*Étienne Marcel* ; l'*Histoire de la Jacquerie* dont il a eu le manuscrit entre les mains ne comporte sans doute pas des emprunts d'un ordre plus élevé.

DEUXIÈME PARTIE. — EXAMEN DE QUELQUES DÉTAILS.

L'ouvrage de M. Perrens rachète-t-il par l'heureux emploi des documents déjà connus, cette absence à peu près complète de nouveauté et d'originalité dans les recherches que nous venons de constater ? Telle est la question que nous nous proposons maintenant d'éclaircir, en nous tenant pour le moment aux détails de ce livre ; nous examinerons, à ce même point de vue, dans la troisième partie de cet article l'ensemble du travail de

M. Perrens, c'est-à-dire les idées qui le dominent et les conclusions qui le résument.

On ne doit pas s'attendre à trouver ici le relevé de toutes les erreurs de détail qui se peuvent rencontrer dans l'ouvrage du jeune professeur étudié page par page. La prétention d'être sur ce point complet m'entraînerait beaucoup plus loin que je ne voudrais et que la patience du lecteur même le plus intrépide ne serait sans doute disposée à me suivre. Je ne signalerai que les fautes qui m'ont frappé dans une lecture faite pour ainsi dire à vol d'oiseau; elles suffiront, je l'espère, à édifier le public sur la manière dont les textes déjà connus ont été employés par M. Perrens, à ne considérer son livre que dans les détails.

La première page du livre de M. Perrens a douze lignes. Elle se compose de deux phrases. Autant de phrases, autant d'erreurs. Voyez plutôt. « La société française, au quatorzième siècle, était déjà loin de cette barbarie qui répand un nuage sombre sur les premiers temps du moyen âge. Si les passions avaient encore toute leur rudesse et toute leur violence, on voyait dans les esprits un progrès admirable qui éclatait de toutes parts et qui attirait sur la France l'attention de l'Europe entière. » — Cette barbarie, ce nuage sombre, comme tout cela est vague, banal et déclamatoire, sinon faux ! Je ne sais pas si le dixième siècle a été plus sombre que le quatorzième ; cela est possible, bien que ce ne soit nullement prouvé. Mais ce que je sais bien, c'est que les douzième et treizième siècles ont été incomparablement moins sombres que le quatorzième. Toutefois, ces généralités, très-contestables, ne sont rien encore ; voici venir maintenant les erreurs grossières et les énormités. Je donne de nouveau la parole à M. Perrens. « *Le génie gaulois* (toujours au quatorzième siècle, notez-le bien), *retrempé par de longues épreuves, apparaissait avec une jeunesse nouvelle : nos* ROMANCIERS ET NOS POÈTES, *si remarquables par* L'INVENTION, *donnaient des modèles qu'on s'empressait d'imiter, et qui ont inspiré aux nations les plus cultivées quelques-uns des chefs-d'œuvre de leur littérature.* » — Peut-on dire quelque chose de plus faux ? L'auteur d'*Étienne Marcel* veut parler ici évidemment, les expressions dont il se sert ne permettent pas de s'y méprendre, du génie national, des œuvres d'invention originale et d'imagination. Or, à ce point de vue, il n'est pas permis d'ignorer, surtout à un professeur de littérature, que le quatorzième siècle est une époque de décadence littéraire aussi bien que de désor-

ganisation sociale. L'invention poétique et romanesque, qui jail-
lissait si vive et si abondante au douzième siècle, est dès lors à
peu près complétement tarie.

Cette première page du livre de M. Perrens peut donner une idée
et du ton qui y règne, et du savoir, de l'exactitude historique dont
l'auteur y fait preuve. Cet écrivain ne se donne pas moins des airs
de science profonde et depuis longtemps mûrie. Il prend presque
partout le ton magistral, dogmatique et tranchant. En maint
endroit, il avance les assertions les plus gratuites, quelquefois
même les plus fausses sans prendre la peine de les appuyer sur des
preuves. On dirait un de ces érudits consommés dont l'opinion fait
autorité et qui jouissent d'un assez grand crédit pour qu'on doive
les croire sur parole. Voici l'une de ces assertions ; si l'autorité
de M. Perrens ne la fait pas prévaloir, il faudra le regretter,
car elle est pleine de nouveauté et d'originalité : « Dans les documents rédigés en latin, Étienne Marcel porte le nom de *Ste-
phanus Marcelli*, qu'il faudrait traduire Étienne de Marcel, c'est-
à-dire fils de Marcel. *On sait qu'à cette époque ce que nous appelons
les noms de famille n'était guère en usage* [1]. »

On a dit pendant longtemps, en se fondant sur l'autorité de
Froissart, que Charles, duc de Normandie, qui fut depuis Charles V, avait pris honteusement la fuite à la bataille de Poitiers.
M. Lacabane a l'honneur d'avoir réfuté le premier cette calomnie de la manière la plus péremptoire, en publiant une lettre du
comte d'Armagnac qui établit que les jeunes princes ne quittè-
rent le champ de bataille que par l'ordre exprès du roi. Les
historiens les plus autorisés de ce temps, notamment MM. Michelet
et Henri Martin, se sont rangés à l'opinion du savant diplomatiste.
Par malheur, en même temps que M. Perrens nourrit une véritable
tendresse pour Charles le Mauvais, fauteur, à ce qu'il insinue, du
gouvernement de la bourgeoisie (avouez, lecteur, que vous ne
vous en seriez jamais douté !), cet écrivain laisse percer partout
la haine la plus passionnée et la plus injuste contre le dauphin
Charles. Rien n'est prouvé de ce qui ôterait à cette haine un pré-
texte et un aliment. Voilà pourquoi le jeune professeur, bien qu'il
connaisse le document mis au jour par M. Lacabane, pièce au-
thentique, originale et confidentielle dont l'autorité est irréfra-
gable, n'en adopte pas moins la version de ce Froissart, si mal

---

1. *Étienne Marcel*, p. 22, en note.

informé surtout pour cette époque, si souvent pris en flagrant délit d'erreur : « Quand la victoire, dit l'auteur d'*Étienne Marcel*[1], parut incliner vers les Anglais, on persuada facilement aux frères et aux fils du roi de *prendre la fuite*, et on leur donna une escorte de huit cents lances. » Et plus loin[2] : « La *fuite honteuse* du duc de Normandie à Poitiers acheva de lui aliéner les esprits. »

Une chronique contemporaine, jusqu'à présent inconnue, qui se recommande en général par une rare impartialité, vient corroborer le témoignage de la lettre publiée par M. Lacabane et démontrer de nouveau la fausseté de l'opinion contraire. On y lit que le duc de Normandie se retira du champ de bataille, non seulement par l'ordre exprès de son père, mais encore tout à fait malgré lui : « Ains que le roy fut prins, quant il apercut que la bataille estoit doubteuse, il manda à son ainzné filz Charles duc de Normendie que, *sur quanque il amoit et doubtoit*, il se retraist à Poitiers, *combien que moult envys le feist*. Mais il convinst qu'il obeist à son pere comme raison estoit[3]. » Que devient en présence de ces deux témoignages si formels, dont l'un nous est fourni par un titre original, et l'autre par un chroniqueur contemporain plus exact que Froissart, que devient l'accusation de fuite honteuse, la calomnie si malencontreusement reproduite par M. Perrens ?

L'inattention de l'auteur d'*Étienne Marcel* n'apparait pas moins que son défaut de critique. Ainsi, il confond les noms des membres du conseil royal présents à une réunion qui se tint le 12 décembre avec ceux des personnages qui assistèrent à une séance du même conseil qui avait eu lieu le 2 de ce mois[4]. Cette confusion, il est vrai, lui fournit un argument dont il étaie la thèse qu'il soutient en cet endroit. C'est assez dire combien la base sur laquelle il s'appuie est ruineuse.

D'autres erreurs de M. Perrens ont une cause plus humiliante que la distraction. Pour apprécier l'érudition de cet écrivain en ce qui touche le moyen âge, il suffit de lire la phrase suivante : « *Au quatorzième siècle*, dit-il à propos de la Jacquerie, *les paysans et les serfs n'avaient comme moyen d'existence, malgré*

---

1. *Étienne Marcel*, p. 77.
2. *Ibid.*, p. 42.
3. *Bibl. Imp.*, ms., suppl. fr., n° 107, f° 125, v°.
4. *Étienne Marcel*, p. 157, n. 1.

*un travail opiniâtre, que ce qu'il plaisait aux seigneurs de leur
laisser* [1]. » — Et les hommes libres, les serfs abonnés, l'auteur
d'*Étienne Marcel* les oublie apparemment! Ils formaient pourtant
déjà au quatorzième siècle la majorité et le fonds de la population
rurale. Ce que dit ici M. Perrens n'est vrai que des serfs taillables
et corvéables à merci, qui étaient dès lors en minorité dans nos
campagnes. Ainsi appliquée en général à tous les paysans sans
distinction, l'assertion de cet écrivain est tout à fait erronée.

Je défie l'auteur d'*Étienne Marcel*, aussi bien que n'importe quel savant, de citer un seul document attestant que le
droit dit *du seigneur* fut en usage, du moins au quatorzième
siècle, du moins dans les provinces où éclata la Jacquerie, c'est-
à-dire dans l'Ile de France, en Champagne et en Picardie. Ce
qui n'empêche pas le jeune professeur, toujours à propos des
maux qui affligeaient les paysans et les firent se soulever, d'écrire
les lignes suivantes : « Et souvent lorsqu'une jeune épouse
sortait de ces humbles chaumières ou obtenait d'y entrer,
l'heure sonnait d'une honte sans pareille [2]. »

Il y a dans le récit que fait M. Perrens de l'affaire de Meaux
une grave erreur. D'après cet écrivain, les Parisiens, les habitants de Meaux et les paysans des environs de cette ville gardè-
rent pendant quelque temps une attitude simplement défensive
vis-à-vis des nobles renfermés dans le Marché ; les gentilshommes
commencèrent les premiers l'attaque [3].

Cette opinion, qui est en désaccord avec les documents contemporains, ne peut s'appuyer que sur la version d'une chronique conservée à la Bibliothèque Impériale [4]. — Mais l'auteur quel qu'il soit de cette chronique parle de l'affaire de
Meaux sans s'y arrêter et donne à peine une *dizaine de lignes* à la mention fort laconique par conséquent et pourtant
en plus d'un point inexacte de cet événement. La version de
cette chronique est d'ailleurs contredite sur ce point par
Jean de Venette (*Contin. de G. de Nangis*, édit. de Géraud, t. II,
p. 265), par Pierre d'Orgemont (*Gr. chron. de S.-Denis*, édit.
de M. P. Paris, in-fol., p. 1473), par Froissart (*Chron.*, l. I,
part. II, ch. 67 et 68). Ces trois chroniqueurs sont unanimes

1. *Étienne Marcel*, p. 231.
2. *Ibid.*, p. 232.
3. *Ibid.*, p. 260 et 261.
4. Suppl. fr., n° 530, f° 66, v°.

pour affirmer que les habitants de Meaux, aussitôt qu'ils eurent reçu le renfort des Parisiens, attaquèrent les premiers les nobles renfermés dans le Marché.

La version acceptée par l'auteur d'*Étienne Marcel* est contredite aussi par les lettres de rémission du Trésor des Chartes, pièces peu suspectes, puisque, ayant été délivrées sur le fait de l'attaque du Marché, elles devaient tendre forcément à décharger le plus possible les coupables. On y trouve ces lignes qui s'appliquent à ceux à qui ces lettres sont octroyées : « ... et ycelle forteresce eussent par fausse et mauvaise *introduction* envay, ou au moins soy mis en arroy pour la envaïr » (Secousse, *Preuves de l'histoire de Charles le Mauvais*, p. 91 et 92). Cela est de tout point conforme à ce que disent les chroniqueurs, à savoir que les Parisiens et les habitants de Meaux marchèrent à l'assaut du Marché, et que, voyant cela, les gentilshommes s'avancèrent à la rencontre de leurs agresseurs. Ainsi, les trois grands chroniqueurs de cette époque, qui ont consacré chacun plusieurs pages au récit circonstancié de l'affaire de Meaux, sont d'accord entre eux et avec les lettres de rémission du Trésor des Chartes pour contredire une version écourtée, inexacte et isolée. M. Perrens n'en a pas moins adopté cette dernière ; qu'on me dise si ce n'est pas violer étrangement les règles les plus élémentaires de la critique historique !

M. Perrens prétend que Froissart a exagéré les horreurs de la Jacquerie. Malheureusement, cette opinion est contredite par les lettres de rémission du Trésor des Chartes. Cette contradiction est d'autant plus remarquable qu'on n'avait pas lieu de s'y attendre, puisque ces lettres ne concernent que les moins coupables et devaient être par leur nature des pièces à décharge. M. Perrens lui-même n'a pu nier ces horreurs ; il essaye seulement de les pallier. « De quels crimes, ajoute-t-il, parle-t-on sans cesse dans ces lettres? de châteaux pillés, brûlés et rasés, de chevaliers morts, de quelques femmes efforcées, de quelques enfants méchamment tués, c'est-à-dire de ce que l'on voit dans toutes les guerres, même aux siècles les plus polis et les plus ouverts aux sentiments d'humanité [1]. » — Il me semble qu'ici en voulant combattre Froissart, le jeune écrivain lui vient au contraire singulièrement en aide.

---

1. *Étienne Marcel*, p. 241 et 242.

Le second argument que l'auteur d'*Étienne Marcel* fait valoir après M. Bonnemère contre les horreurs de Froissart est encore plus curieux que le premier. « Loisel, Louvel, dit-il, historiens du Beauvaisis, donnent deux lignes à cette insurrection [1]. » — Parce que ces deux antiquaires, qui vivaient trois siècles après la Jacquerie, à une époque où l'on n'accordait aucun intérêt aux émeutes populaires, n'ont dit que quelques mots, dans des ouvrages d'ailleurs assez courts, du soulèvement de 1358, qu'est-ce qu'on a le droit d'en conclure, je le demande, contre Froissart et contre les horreurs dont il parle ?

Toutefois ce second argument lui-même doit céder le pas au troisième : « Le cartulaire de l'abbaye de Beauvais, ajoute M. Perrens, parle *froidement* d'une sédition *insensée* du populaire contre les nobles et des nobles contre le populaire [2]. » — Et d'abord voici les lignes dont l'auteur d'*Étienne Marcel* donne ici une traduction très-libre : « A festo Sancti Sacramenti, occasione *acerbæ* seditionis et *dolorosæ* inter populares et nobiles et statim inter nobiles et populares, dominus abbas recessit a monasterio et ivit Belvacum. » Ainsi dans un cartulaire, dans un de ces recueils qui, comme leur nom l'indique, ne doivent contenir que des charles, et ne font point mention d'ordinaire des événements du dehors du moins sous la forme d'un récit détaché, on a intercalé, par une singularité remarquable, quelques lignes sur une sédition douloureuse et cruelle (*dolorosa et acerba*) des paysans contre les nobles ; et M. Bonnemère et après lui M. Perrens voient là une raison de taxer Froissart d'exagération quand il nous peint la Jacquerie sous de sombres couleurs !

L'indépendance d'esprit est un signe de force, quand elle n'est pas l'effet de la seule présomption. L'auteur d'*Étienne Marcel* a voulu se montrer indépendant, sans doute pour faire preuve d'originalité et paraître fort ; voyons s'il a réussi. Citons d'abord le texte qui fait l'objet du débat. « *Comme nagaire les communes des villes du plait pays de Pertois aient fait plusieurs assemblées en divers lieux pour abattre et ardoir les maisons des nobles du dit pais et eulx mettre à mort.....; et pour ce le dit suppliant.... doubtans que par les dites genz ne fust mis à mort*, ala monté à cheval avec ses diz parrochiens à une *assemblée faite*

<hr>

1. *Étienne Marcel*, p. 240 et 241.
2. *Id., ibid.*

par les dites communes en la ville de Saint-Verain, senz aucune armure porter, fors seulement un court baton, et là dansa avec ses diz parrochiens, et yceulx ordena à la danse, en faisant les rens du dit baton, et eulx continuelment exortant à *faire bonne chiere :* lequel suppliant, estant en la dite assemblée à Saint-Verain, les genz de la dite ville de Blecey, qui demourées estoient en ycelle, prinrent et à eulx appliquerent, senz le gré et consentement du dit suppliant, certaine quantité de grains à lui appartenans en son grant préjudice et domage, *ne oncques ne fust à assemblée qu'ils eussent faite, fors que celle fois tant seulement....* »—L'auteur de l'*Histoire de la Jacquerie* a été assez mal avisé pour voir dans ces lettres de rémission pour le curé de Blacy un incident de la Jacquerie ; il n'y a eu en réalité, selon M. Perrens, qu'une fête de village : « Un jour même, dit l'auteur d'*Étienne Marcel* en parlant du curé de Blacy [1], il conduisit les habitants de Blacy à une *fête* des communes du voisinage, qui devait avoir lieu à Saint-Vérain. On prétendit plus tard que c'était une réunion préparatoire pour la Jacquerie ; mais il est facile d'en juger par ce qui s'y passa. Le curé Morel y était venu sans armes, il n'avait à la main qu'un court bâton. Digne ancêtre de Rabelais, il prit part aux danses de ses paroissiens, consentit à les diriger en faisant la roue avec son bâton, et exhorta tous ceux qui l'entouraient à *faire bonne chère.* » —Je dirai à M. Perrens, au risque de passer pour un *trouble-fête,* que son indépendance d'esprit ne lui a fait commettre ici que des contre-sens. Ces mots : « une assemblée faite par les communes du plat pays de Perthois à Saint-Vrain » n'ont jamais pu signifier une fête de village, surtout lorsque les lignes précédentes nous ont appris quel était le but de ces assemblées, et dans quelles circonstances elles se réunissaient. On ne s'expliquerait pas qu'un *digne ancêtre de Rabelais* n'eût consenti à se rendre à une réunion de ce genre que pour échapper à la mort dont on le menaçait. Enfin, les communes du Perthois avaient donc eu plusieurs *fêtes* semblables, puisqu'on ajoute que le curé de Blacy n'assista qu'à celle dont il est question dans les lettres de grâce qu'il se fit octroyer. Tout ce que M. Perrens aurait pu dire, c'est que l'humeur pacifique et l'adresse du curé de Blacy rendirent cette réunion de Jacquerie aussi inoffensive qu'une fête de village. Encore

1. *Étienne Marcel,* p. 268.

serait-ce bien téméraire, si l'on réfléchit que ces détails nous sont
fournis par une lettre de rémission, c'est-à-dire par une pièce .
où l'on avait dû s'efforcer d'excuser et de décharger par tous les
moyens possibles le pauvre curé à qui on la délivrait. L'auteur
d'*Étienne Marcel* n'a pas mieux compris les détails de cette pièce
que son ensemble. Il a traduit en français moderne par *faire
bonne chère* le « faire bonne chiere » de la lettre de rémission ;
ici encore il a commis un contre-sens.

M. Perrens, sans doute pour remercier l'auteur de l'*Histoire
de la Jacquerie* de la communication de son manuscrit, joue
quelque part si adroitement sur le double sens du mot *perdue*
qu'il est parvenu à rendre l'opinion qu'il combat grotes-
que et lâche. « Ce Maillart que les historiens royalistes portent aux nues fut-il un traître? M. Luce ne le pense pas, attendu, dit-il, que la cause nationale était *perdue*. — Apparemment, quand une cause est *perdue*, il n'y a rien de mieux à faire
que de lui donner le coup de grâce[1]. » — J'ai dit, en effet,
que Maillart peut avoir joué le rôle que l'on sait, sans que
pour cela il ait été un traître. Mais je n'ai donné en mon
nom aucunes raisons à l'appui de cette opinion ; je me suis con-
tenté de les emprunter à M. H. Martin. J'ai cité à cette occasion
une page où cet historien a judicieusement exposé les motifs
qui déterminèrent sans doute Maillart à se rallier à la cause
royale[2]. Au moment où s'accomplit cette volte-face, Marcel témoi-
gnait ouvertement le dessein de livrer Paris et le trône de France
au roi de Navarre, malgré la France et malgré les Parisiens ; il
trahissait ainsi le premier la cause que Maillart et lui avaient
fait serment de servir. Le prévôt des marchands se montrait dé-
cidé à sacrifier cette cause en faveur de Charles le Mauvais, ami
des Anglais ; Jean Maillart aima mieux, puisque le sacrifice était
inévitable, qu'il profitât au régent, c'est-à-dire à l'autorité légitime de la France.

« Les esprits politiques, dit M. Perrens dans une page judi-
cieuse qui est en contradiction avec l'ensemble de son livre, sans
en excepter ceux qui avaient fait paraître le plus de haine ou de
défiance contre le régent, arrivaient aux mêmes conclusions que
les conjurés et la multitude, quoique par un chemin différent.

---

1. *Étienne Marcel*, p. 314, en note.
2. *Bibl. de l'Ec. des Chart.*, t. XVIII, ann. 1857, p. 421 et 422.

La défaite de la Jacquerie leur faisait penser que toute tentative contre la noblesse était prématurée, et *si, pour assurer l'empire des états généraux*, ce qui était le fond de la question, *il fallait se mettre à la merci du roi de Navarre, ils demandaient si cette grande cause serait mieux servie par ce prince que par le régent.* Le souvenir présent de la récente trahison de Charles le Mauvais leur faisait oublier les anciens torts du fils aîné du roi, et ils commençaient à voir dans le rétablissement de l'autorité légitime la fin de leurs souffrances. Cette opinion gagnait chaque jour du terrain ; *Étienne Marcel lui-même n'eût pas été loin de s'y rendre, s'il n'avait eu à défendre la tête de ses amis en même temps que la sienne* [1]. » —On ne saurait mieux dire. Mais pourquoi Jean Maillart n'aurait-il pas été un de ces esprits auxquels M. Perrens donne l'épithète de politiques, et que j'appellerai simplement patriotes et sensés? Pourquoi ces réflexions, qui s'imposaient par la force des choses à tous les esprits, n'auraient-elles pas été les mobiles de la conduite de ce bourgeois? L'auteur d'*Étienne Marcel* ne saurait en donner la raison. Il prétend que le désir de recouvrer ses biens confisqués fut le seul motif qui détermina Maillart à prendre des mesures pour faire avorter le complot tramé par Marcel ; comme si ce bourgeois avait dû fermer l'oreille à la voix de la raison et du patriotisme, parce que l'intérêt personnel lui tenait le même langage! comme si la confiscation de ses biens avait ôté à Maillart le droit ou le devoir de sauver ses concitoyens d'une trahison qui ne pouvait manquer d'avoir pour eux les plus terribles conséquences, puisqu'elle les mettait à la merci des gens d'armes de Navarre devenus leurs plus mortels ennemis! On sait, et M. Perrens dit lui-même, que Marcel, réduit aux abois, après avoir vu tous ses appuis lui manquer les uns après les autres, ouvrit des négociations avec le régent ; mais celui-ci répondit formellement qu'il ne rentrerait point dans Paris tant que le meurtrier des maréchaux serait en vie. C'est après avoir reçu cette réponse que le prévôt se décida à se mettre à la merci du roi de Navarre. Il suit de là que Marcel, aussi bien que Maillart, rompit violemment avec son passé dans des circonstances où un motif intéressé, le désir d'échapper à la mort dont le régent le menaçait, put influer sur sa conduite. Toutefois, M. Perrens refuse d'admettre qu'une préoccupation personnelle

1. *Étienne Marcel*, p. 308.

ait été le mobile de la détermination du prévôt. Mais alors de quel droit dirige-t-il contre Maillart une imputation injurieuse dont il ne veut pas qu'on flétrisse Marcel, lorsqu'il n'y a pas plus de raison d'accuser l'un que l'autre?

« Il y a un moment, dit M. Perrens, où Maillart a changé d'opinion, et *résolu de tuer un homme* qui était son protecteur, son ami, son compère, son parent et son chef[1]. » — Maillart n'eut jamais l'intention de tuer Marcel. S'il avait eu le dessein que lui prête M. Perrens, rien ne lui eût été plus facile que de le mettre à exécution, lorsque la querelle s'émut entre lui et le prévôt à la bastille Saint-Denis, dans un quartier dont il était le commandant, et qui était rempli de ses parents, de ses amis, des gens d'armes placés sous ses ordres[2]. Le chiffre de soixante compagnons que M. Perrens donne à Marcel est une invention de cet écrivain. Malgré ces avantages, Maillart n'essaya de faire aucun mal au prévôt des marchands; il se contenta de se diriger vers la porte Saint-Antoine. Cette direction vers celle des entrées de Paris qui faisait face à l'armée du régent mérite d'être remarquée. C'est comme si Maillart eût dit à Marcel : « Vous voulez trahir la cause commune en ouvrant la porte Saint-Denis au roi de Navarre qui nous a trahis, et dont les gens d'armes sont nos plus mortels ennemis : eh bien, moi, puisque c'est ainsi, j'aime mieux la trahir en ouvrant la porte Saint-Antoine au régent. »

Telles sont les raisons qui m'ont permis de penser avec et après M. H. Martin qu'il n'était pas besoin de faire du quartinier de la porte Saint-Denis un traître pour s'expliquer la conduite de ce bourgeois dans la journée du 31 juillet. Cela revient sans doute à dire que Maillart ne fut pas un traître, attendu que la cause nationale était perdue dans son essence et son honneur. Mais le mot *perdue* que M. Perrens a employé, sans y rien joindre qui en précise le sens, peut signifier simplement *perdue au point de vue du succès.* D'où il résulterait que, selon moi, Maillart ne fut pas un traître, attendu qu'il se fit l'esclave du succès, et parce qu'il se rangea à temps du côté du plus fort et du plus heureux.

---

1. *Étienne Marcel*, p. 315

2. Malgré l'assertion contraire de Froissart, le silence des *Grandes Chroniques*, du second continuateur de Guillaume de Nangis et surtout du *Trésor des chartes*, ne permet pas de croire, comme l'a très-bien fait observer M. Dacier, que Maillart ait tué Marcel. Une chronique contemporaine dit d'ailleurs expressément que le prévôt fut occis par le commun.

Le lecteur jugera s'il est bien loyal de recourir à une pareille équivoque pour s'en faire une arme contre un adversaire.

TROISIÈME PARTIE. — EXAMEN DE L'ENSEMBLE, DES IDÉES DOMINANTES ET DES CONCLUSIONS GÉNÉRALES.

Quatre idées principales dominent et résument tout l'ouvrage de M. Perrens ; les voici réduites à l'état de simples propositions : 1° Tout l'honneur des réformes élaborées par les états généraux de 1355 et de 1357 est rapporté aux seuls officiers des municipalités communales, à l'exclusion des légistes, des membres du clergé et de la noblesse. — 2° Diatribe perpétuelle contre le dauphin Charles, partout sacrifié non-seulement à Étienne Marcel, mais même à Charles le Mauvais. — 3° Réhabilitation et apologie sans réserve de Robert Lecoq et du roi de Navarre, présenté comme fauteur du gouvernement de la Bourgeoisie. — 4° Apologie sans réserve d'Étienne Marcel, même après le meurtre des maréchaux, même lorsqu'il veut livrer Paris et le trône de France au roi de Navarre, malgré la France et malgré les Parisiens. Nous allons examiner successivement chacune de ces nouveautés historiques.

I.

Les états généraux de 1355 et de 1357 sont certainement ce qu'il y eut de plus remarquable dans le mouvement politique qui se produisit en France pendant la captivité du roi Jean. Malheureusement, les ordonnances véritablement admirables qui furent le résultat et le résumé des délibérations de ces états sont tout ce qui nous en reste; nous ne savons rien de ces délibérations elles-mêmes dont les chroniqueurs du temps n'ont pas dit un mot, ainsi que M. Perrens en fait l'aveu quelque part[1]. Nous ignorons par conséquent la part d'influence, d'initiative que put avoir dans l'adoption des mesures promulguées par ces ordonnances chacun des trois ordres qui composaient les états. L'auteur d'*Étienne Marcel* n'en avance pas moins, à plusieurs reprises et de la manière la plus affirmative, que tout l'honneur de ces mesures doit être rapporté aux seuls officiers

---

1. *Étienne Marcel*, p. 28 et 29.

des municipalités communales, à l'exclusion des nobles, des gens d'église et des légistes. « Loin d'admettre avec quelques historiens, dit le jeune professeur [1], que les états de 1355 eurent peu de lumières, il faut donc louer l'intelligence politique dont ils firent preuve. Le reproche ne serait fondé que si on l'adressait seulement à la noblesse et aux membres les plus considérables du clergé; mais alors il serait sans importance, car *tout le génie de cette assemblée était dans les députés du tiers, dans ces officiers municipaux que leur vie laborieuse et leurs charges modestes...* » Et ailleurs [2] : « Au contraire, réunis à ces nobles qui n'avaient goût qu'aux tournois, à la chasse, à la guerre, et dont l'incapacité dans toutes les matières d'administration ou de gouvernement était déjà notoire; *à ces évêques, à ces prêtres, qui, n'entendant rien pour la plupart qu'à la théologie, ne comptaient guère que par leur nombre dans les assemblées; à ces légistes enfin dont le savoir juridique semblait peu nécessaire pour les questions qu'il importait de résoudre, les bourgeois exercés aux fonctions municipales semblaient assurés de la prépondérance.* »

Que la part des nobles dans les mesures de réforme décrétées à la requête des états de 1355 et de 1357 ait été moins grande que celle des députés du clergé et de la bourgeoisie, je le crois sans peine, bien que la plupart de ces mesures aient été confirmées et promulguées de nouveau en 1358 par l'assemblée réactionnaire de Compiègne, composée presque exclusivement de gentilshommes, et où ne parurent point les députés du tiers [3]; mais que les seuls officiers des municipalités communales aient exercé toute l'influence dans les délibérations des états dont il s'agit, que les théologiens et les légistes n'y aient joué qu'un rôle effacé et même nul, c'est ce qu'il est tout à fait impossible d'admettre! D'abord, M. Perrens ne peut citer un seul texte à l'appui de son opinion, puisque, par suite du regrettable silence de tous les témoins historiques de ce temps, les délibérations des états de 1355 et de 1357 sont pour nous lettres closes. L'assertion du jeune professeur est donc entièrement gratuite; c'est là son moindre défaut; elle est en outre contraire à la vraisemblance. Ces officiers municipaux, à qui l'on veut faire la part si

1. *Étienne Marcel*, p. 37.
2. *Ibid.*, p. 28.
3. *Ibid.*, p. 222-224.

2.

belle, n'étaient presque tous que des commerçants en activité ; le premier entre eux par la dignité dont il était revêtu, par le rôle qu'il a joué, Étienne Marcel, était un simple marchand de draps, et son panégyriste lui refuse, non sans raison, le don de l'éloquence [1]. A qui M. Perrens persuadera-t-il que ces hommes de négoce durent avoir plus d'influence sur les délibérations des états que les gens de loi et d'église, rompus à toutes les ressources de la dialectique, à l'art de la parole, à la gestion pratique aussi bien qu'à l'étude théorique et abstraite de toutes les affaires politiques et administratives ?

L'auteur d'*Étienne Marcel* prétend que le savoir des légistes était inutile dans les questions à résoudre, et que les théologiens n'entendaient rien qu'à la théologie. Une telle assertion prouve combien cet écrivain connaît peu les légistes de l'époque de Philippe le Bel et surtout les théologiens du quatorzième siècle. En ce temps, qui fut signalé par une renaissance, partielle sans doute, mais déjà très-remarquable des lettres antiques, les plus hardis, ou plutôt les seuls novateurs sont les théologiens et les hommes d'église, tous adonnés à l'étude de l'antiquité, quand ils ne se firent pas les traducteurs des historiens et des philosophes de la Grèce et de Rome. Vingt noms se présentent ici à ma pensée ; je n'en citerai qu'un seul, le nom de l'auteur des traités sur *la Sphère* et les *Monnaies*, du traducteur des *Politiques* d'Aristote, de ce Nicole Oresme, dont le regrettable E. de Fréville et M. F. Meunier ont analysé récemment les ouvrages dans de si intéressantes études. Ces tendances nouvelles et avancées, comme nous dirions aujourd'hui, ces idées de politique et d'administration rationnelles, empruntées la plupart aux penseurs de l'antiquité, qui remplissent les ouvrages des théologiens du quatorzième siècle, et les rendent si curieux pour nous, furent représentées surtout au sein des états généraux de 1355 et de 1357 par des docteurs tels que Jean de Craon, Grimer, Robert de Corbie, Gonnelieu, Dangeraut, Thezart, Pierre de Aloengiis et tant d'autres. Quant à Étienne Marcel, dans les nombreux voyages en Flandre que nécessitaient les soins de son commerce, dans les relations continuelles qu'il entretenait avec les fabricants de ce pays, cet intelligent et énergique drapier avait dû être frappé de la prospérité industrielle, de l'opulence, de la puissance, et surtout des

---

1. *Étienne Marcel*, p. 25.

libertés des communes flamandes. L'influence prépondérante que
de simples bourgeois, des drapiers comme lui, y exerçaient souvent, non-seulement en matière de gestion municipale, mais
même sur la direction des affaires publiques, l'avait sans doute
étonné et charmé tout ensemble. La pensée de pouvoir jouer un
rôle semblable dans son pays était bien de nature à lui sourire.
Ce prévôt des marchands était donc parfaitement préparé pour se
faire le bras et l'instrument des idées de liberté, de contrôle et
de réforme qu'il avait mises en avant de concert avec les légistes
et surtout les théologiens députés aux états généraux. En l'absence
complète où nous sommes, je le répète, de données positives sur
ce point, c'est ainsi que les lois de la vraisemblance et les induc-
tions les plus légitimes tirées du degré d'instruction, des habitu-
des d'esprit, de vie des personnes, du milieu dans lequel elles vivaient, commandent d'assigner la part d'initiative et d'influence
de chacun dans la proposition et l'adoption des mesures de réforme décrétées à la requête des états généraux de 1355 et de 1357.
L'auteur d'*Étienne Marcel* n'aurait pas commis la méprise gros-
sière que je lui reproche en ce moment s'il avait mieux étudié
le mouvement des idées au quatorzième siècle, ou plutôt si la prévention et le parti pris n'avaient fermé ses yeux à la vérité.

Mais c'est trop peu encore de dire de l'opinion de M. Perrens
qu'elle est gratuite et invraisemblable; on peut ajouter hardi-
ment qu'elle est fausse. En 1357 les états nommèrent un nouveau Grand Conseil dont les membres devaient assister le dauphin de leurs lumières; le clergé obtint d'être représenté à ce
Conseil par onze théologiens, la noblesse par six gentilshommes,
le tiers-état par dix-sept députés appartenant à cet ordre. Cela
résulte d'un curieux document découvert et publié pour la première fois par M. Douet d'Arcq; c'est une liste des membres de
ce nouveau Grand Conseil; on y lit non-seulement leurs noms,
mais encore leurs titres et qualités. Il n'est pas douteux que les
députés ainsi désignés pour faire partie de ce corps politique par
la confiance de leur ordre devaient être les plus influents et les
plus capables, ceux, en un mot, dont la supériorité était haute-
ment reconnue par leurs collègues. Aussi la liste publiée par
M. Douet d'Arcq porte-t-elle un coup terrible à la thèse de M. Perrens, car, *parmi les dix-sept membres choisis* PAR LES DÉPUTÉS DU
TIERS *pour représenter leur ordre au sein du Grand Conseil,* sans
parler de quatre personnages dont on ne mentionne que les

noms, on compte *sept légistes, deux docteurs en théologie*, tandis qu'il n'y a que *quatre officiers municipaux* seulement. Le jeune professeur connaissait pourtant ce document; il l'a même publié dans une note de son livre[1]. Comment en lisant une telle pièce n'a-t-il pas ouvert les yeux sur l'erreur grave qu'il avait commise?

Quoi qu'il en soit, je suis en droit de conclure de ce qui précède que, quand l'auteur d'*Étienne Marcel* rapporte aux seuls officiers des municipalités communales, à l'exclusion des théologiens et des légistes, tout l'honneur des réformes élaborées par les états de 1355 et de 1357, il peut et doit encourir un triple reproche : d'abord, une semblable assertion est gratuite et dénuée de toute espèce de preuves; ensuite, elle est contraire aux règles de l'induction et à la vraisemblance; enfin, elle est incontestablement fausse. Et pourtant toute la première partie de l'ouvrage de M. Perrens repose sur cette erreur : par cette fragilité de la base, qu'on juge de la solidité de l'édifice.

II.

M. Perrens laisse percer pendant tout le cours de son livre une prévention passionnée contre le dauphin Charles, qui va souvent jusqu'à l'injustice. Non content de donner toujours tort à ce prince, de lui adresser les reproches les moins mérités, l'auteur d'*Étienne Marcel* ne veut même pas qu'on sache gré à celui qui fut plus tard Charles V des qualités que lui ont reconnues tous les historiens. Si Charles fut chaste, ainsi que l'assure Christine de Pisau, M. Perrens prétend que ce fut « par nécessité et par goût[2]. » Selon cet écrivain, la jeunesse du duc de Normandie aurait été remplie par toute sorte de désordres et de débauches, dont deux des frères d'Étienne Marcel, Jean et Guillaume, se seraient faits les compagnons et les ministres. M. Quicherat, à qui M. Perrens a emprunté cette imputation, ne cite pas les autorités sur lesquelles elle se fonde; et lorsque nous avons interrogé sur ce sujet notre savant maître lui-même, il n'a pu se rappeler ni produire aucun texte à l'appui de son assertion; nous devons donc l'estimer tout à fait gratuite jusqu'à ce qu'on nous ait donné les

1. *Étienne Marcel*, p. 100, note 1, et p. 101.
2. *Ibid.*, p. 65.

preuves que nous sommes en droit d'exiger. Savez-vous pourquoi Charles V fit la guerre aux séducteurs? Selon M. Perrens, « c'est parce qu'il était jaloux des plaisirs des autres[1] ». Charles le Sage, non content de protéger les lettres et les sciences, ne dédaigna point de les cultiver lui-même toute sa vie avec ardeur. Mais l'auteur d'*Étienne Marcel* ne veut pas qu'on fasse un mérite à ce prince de ces goûts si nobles, si élevés et si rares sur le trône[2] : « Il était, dit cet écrivain, d'une race dont l'intelligence prenait naturellement goût à d'autres sujets, et, *pour faire comme ses pères, il ne lui manqua que le pouvoir*[3]. »

Une telle prévention explique seule pourquoi M. Perrens, en dépit de la réfutation péremptoire de M. Lacabane, ose encore reprocher au duc de Normandie ce qu'il appelle *sa fuite honteuse* à Poitiers; dans une des pages qui précèdent, je crois avoir fait justice de cette calomnie d'une manière définitive.

L'auteur d'*Étienne Marcel* paraît avoir trois griefs principaux contre le dauphin. Il lui reproche, d'abord, d'avoir gardé une attitude indécise et défiante, sinon ouvertement hostile vis-à-vis des états généraux ; — ensuite, de n'avoir jamais pardonné à Étienne Marcel le meurtre des maréchaux, mais d'avoir au contraire nourri toujours, à partir de ce moment, le désir d'infliger au prévôt la peine capitale; — enfin, d'avoir fait preuve de cruauté dans la vengeance qu'il tira de la rébellion de Marcel et de ses principaux complices. Voyons si ces reproches sont mérités.

Bien qu'un jour le duc de Normandie ait révoqué, pour plaire aux députés de la nation, un ordre exprès de son père[4], il est possible que la conduite de ce prince vis-à-vis des états ait manqué de bienveillance et de franchise. On peut dire, pour sa défense, que les provinces lui donnaient l'exemple de l'hostilité aux mesu-

---

1. *Étienne Marcel*, p. 65.

2. Une réaction imposante commence aujourd'hui à se produire contre ces iconoclastes de l'histoire qui semblent avoir pris à tâche de renverser, de jeter dans la boue les statues de nos plus grands ministres et de nos plus grands rois. C'est l'honneur de l'École des Chartes d'avoir toujours protesté contre ces odieuses débauches d'esprit qui sont une insulte faite au patriotisme aussi bien qu'à la vérité. MM. Léon de Laborde, P. Paris, Wallon, de Carné, de Beaucourt, méritent le même éloge. On est heureux aussi de voir MM. Cousin, Guizot, Mignet, Thiers, Villemain, de Barante, mettre au service de cette cause nationale l'autorité de leur nom et de leur éloquence.

3. *Étienne Marcel*, p. 65.

4. *Ibid.*, p. 135.

res prises par ces états [1]. On peut ajouter que la destitution en masse de tous ses conseillers et officiers, dont ces assemblées lui firent une loi, était de nature à blesser quiconque eût été à sa place. Une exigence aussi tyrannique paraît à M. Perrens pleine de modération : « *au lieu de destituer ces conseillers*, fait observer cet écrivain, *les états auraient pu tenter de les frapper en secret* [2]. »

Toutefois, ce qui dut le plus choquer le dauphin, ce furent les allures insolentes et impérieuses des deux principaux chefs de la municipalité parisienne, Étienne Marcel et Charles Toussac. Dans un discours en plein vent tenu à Saint-Jacques de l'Hôpital devant la population parisienne rassemblée, Charles Toussac, au rapport des chroniqueurs, cribla le duc de Normandie des plus mordantes allusions, mais sans le nommer; sur quoi M. Perrens, émerveillé de tant de retenue, fait cette réflexion vraiment plaisante : « Il semble que les chefs de la bourgeoisie voulussent marquer en toute occasion leur respect au dépositaire de l'autorité royale, et qu'avec un instinct précoce des institutions libérales, ils voulussent tenir les agents du pouvoir pour seuls responsables envers la nation [3]. »

Un jour le dauphin refusait d'accéder à une demande du roi de Navarre. Poussé sans doute par Robert Lecoq qui l'avait informé de ce refus, Marcel se rend à la salle des séances du conseil royal sans y avoir été appelé, et, s'adressant au duc de Normandie : « Sire, dit-il, faites amiablement au roi de Navarre ce qu'il vous requiert, car il convient qu'il soit ainsi [4]. » — Quoi qu'en dise M. Perrens, de pareils procédés étaient plutôt révolutionnaires que parlementaires et constitutionnels. Il est vrai que cet écrivain a une façon toute particulière d'entendre le mot révolutionnaire. Selon lui, pour ne pas encourir le reproche contenu dans ce mot, il suffit d'être riche : « *La haute position*, dit-il, *qu'occupaient ces hommes dans la bourgeoisie parisienne ne permet pas de les appeler révolutionnaires. Étienne Marcel, Charles Toussac et tous ceux qui marquèrent dans cette terrible suite d'événements étaient* RICHES [5]. »

1. *Étienne Marcel*, p. 108, 111, 112, 121, 122, 136, 137, 141, 147, 148, 151, etc.
2. *Ibid.*, p. 125.
3. *Ibid.*, p. 172.
4. *Ibid.*, p. 159.
5. *Ibid.*, p. 89.

Quelques mesures trop radicales prises par les états et surtout
ces allures trop souvent impertinentes et tyranniques de quelques-uns des principaux chefs de la municipalité parisienne, ne
durent pas peu contribuer à mettre le dauphin en défiance, sinon en hostilité absolue, contre les réformes elles-mêmes. Toutefois, il faut chercher ailleurs la véritable cause des ajournements,
des variations, des lenteurs, en un mot de l'incertitude qui fut
pendant cette période le caractère de la conduite de ce jeune
prince. Cette cause, la voici. Le duc de Normandie, à l'époque
dont il s'agit, n'était pas roi; il n'était pas même régent : il n'é-
tait que lieutenant du roi. Il convient de se rendre bien compte
de ce qu'un semblable titre veut dire : il veut dire que le dauphin qui en était revêtu n'avait aucune autorité par lui-même,
qu'il était tenu d'obtenir pour tous ses actes l'agrément du roi
son père, et que ces actes n'avaient de valeur qu'autant que celui-ci voulait bien les sanctionner; il veut dire que ce jeune
prince était tenu de ne rien faire de ce qui pouvait sans inconvénient être ajourné, qu'il était en un mot le simple truchement
du prisonnier couronné des Anglais. S'il y a quelqu'un à accuser,
ce n'est donc pas le duc de Normandie, instrument passif, simple intermédiaire dépourvu d'initiative, d'autorité et par suite
de responsabilité; c'est le roi Jean. Ainsi tombent et s'écroulent
par la base tous les reproches que M. Perrens adresse au dauphin
relativement aux actes de sa lieutenance, qui ne se changea en ré-
gence que le 18 mars 1358, c'est-à-dire deux mois après le trop
fameux assassinat des maréchaux qui eut lieu le 22 janvier de la
même année.

Le meurtre des maréchaux et de Regnaut d'Acy divise en deux
parts bien distinctes la vie publique d'Étienne Marcel. Jusqu'à ce
moment, le prévôt des marchands se montre à nous comme un
réformateur digne de sympathie; après cet attentat, la royauté eut
le droit et peut-être l'obligation morale de voir dans le meurtrier
des maréchaux un criminel digne de punition. M. Perrens veut
bien convenir qu'on ne pouvait mettre en avant aucun crime ni
même aucun grief prouvé et sérieux contre Regnaut d'Acy [1] et les

---

1. Le crime de Regnaut d'Acy, d'après la *Chronique n°* 530 du suppl. fr., était
d'avoir apporté d'Angleterre au duc de Normandie le texte du traité ou plutôt de
la trève conclue entre Édouard et le roi Jean; le crime des maréchaux, de n'avoir
pas voulu divulguer les clauses de cet arrangement : « Lequel traitié le roy Jehen
envoia à Charles son filz par Regnaut d'Assi qui estoit son advocat. De ces lettres

maréchaux de Champagne et de Normandie, qui furent en cette circonstance les victimes de l'aveugle fureur de Marcel et des Parisiens : « Le meurtre des deux maréchaux, dit-il, *que ne couvrent même pas les apparences de la justice*, pèsera éternellement sur la mémoire de cet homme extraordinaire [1]. » Cet écrivain reconnaît d'ailleurs que la responsabilité de cet attentat revient au prévôt qui en arrêta le dessein dans un conseil tenu la veille du crime et qui présida à son exécution [2]. Cela étant, je ne crains pas de répéter ce que je disais tout à l'heure, à savoir que le dauphin, après l'accomplissement de ce forfait commis en sa présence et pour le braver, eut le droit sinon le devoir de traiter Marcel, le meurtrier de ses deux amis et conseillers, comme un grand coupable digne d'un châtiment exemplaire.

Un roi peut pardonner quelquefois des attentats dirigés contre sa personne, jamais des meurtres dont ses premiers ministres ont été à cause de lui les victimes.

« Marcel, dit M. Perrens, vécut dans un temps où l'on ne connaissait point le respect de la vie humaine, où personne, parmi ceux qui exerçaient le pouvoir, n'avait les mains pures de sang [3]. » — Cette excuse mérite assurément d'être prise en considération; mais elle n'a pas la portée que lui prête l'auteur d'*Etienne Marcel*. Cet écrivain oublie ici une chose essentielle, c'est que les réformateurs tels que Marcel sont tenus, pour légitimer l'ambition de leur rôle, d'être au-dessus de leur temps. Ils ne peuvent prétendre être pris au sérieux et crus sincères par la postérité qu'à la condition de s'être montrés meilleurs que leurs contemporains.

Bien que Marcel, au moment où il accomplit le crime dont il s'agit, fût le plus fort, bien que l'action de la justice contre lui fût alors impossible, le dauphin laissa voir néanmoins toute

ne peurent riens savoir ceulz des .iii. estaz par le regent ne par son conseil. Dont ilz se doubterent et conseillerent ensemble d'occire le conseil du regent. » Bibl. imp., suppl. fr., n° 530, f° 63. — Depuis que ces lignes sont imprimées, M. P. Paris, dans une des leçons de son cours du Collége de France, a cru pouvoir dire que les maréchaux furent tués parce qu'ils étaient les chefs des forces militaires que le duc de Normandie se proposait d'opposer aux dissidents. Cette assertion a le défaut grave de ne s'appuyer, que je sache, sur aucun témoignage contemporain; il faut néanmoins reconnaître qu'elle n'est pas dénuée de vraisemblance.

1. *Étienne Marcel*, p. 363.
2. *Ibid.*, p. 187 et 193.
3. *Ibid.*, p. 363.

l'horreur que lui faisait éprouver un semblable forfait. S'il séjourna encore quelque temps à Paris après le meurtre de ses conseillers, la nécessité seule l'y contraignit, et peut-être le roi Jean faisait-il à son fils, qui n'était encore à cette époque que le simple lieutenant de son père, une obligation et une loi de rester dans cette ville. Une coïncidence bien remarquable, quoique personne ne l'ait encore remarquée, autorise à expliquer ainsi, du moins en partie, la prolongation de séjour du duc de Normandie. Aussitôt que ce prince, investi de la dignité de régent, fut libre de sa personne et de ses actes, son premier soin fut de quitter Paris. Il prit le titre de régent le 18 mars ; quelques jours après cette date, il avait quitté cette cité, il l'avait quittée pour n'y plus revenir tant que le meurtrier des maréchaux et ses complices seraient en vie. Telle fut en effet la réponse invariable que le dauphin opposa constamment dans la suite à toutes les propositions de rentrer dans la capitale qui lui furent adressées à plusieurs reprises par les Parisiens et par Marcel lui-même. « Le prévôt, dit à ce sujet M. Perrens, aurait pu sacrifier sa vie pour le salut de ses concitoyens, mais avait-il le droit de sacrifier celle de ses amis [1] ? » — L'auteur d'*Etienne Marcel* paraît affectionner beaucoup cette raison, car il l'a reproduite ailleurs presque dans les mêmes termes [2]. Elle n'est pourtant pas sérieuse. S'il était possible un seul instant de l'admettre, elle pourrait servir à justifier tous les criminels contumax qui ont des complices. Là n'est pas la question. La question est de savoir si Marcel et ses sicaires s'étaient rendus coupables de meurtre. S'ils s'en étaient rendus coupables, et cela n'est pas douteux, ce prévôt ne put qu'aggraver sa faute en cherchant à soustraire ses complices et en cherchant à se soustraire lui-même, quoi qu'en dise M. Perrens, à un châtiment mérité. Après l'assassinat des maréchaux, il fallait que Marcel prît l'un de ces trois partis : ou bien qu'il se livrât à la justice, et c'est ce qu'eût fait un homme simplement honnête; ou bien qu'il implorât la clémence du dauphin, et c'est à quoi se fût résignée une âme moins superbe; ou bien enfin qu'il s'expatriât, et c'est l'expédient auquel aurait eu recours un homme moins soucieux de la justice que du soin de sa propre vie. Le prévôt aima mieux faire courir à la France tous les ris-

---

1. *Étienne Marcel*, p. 228.
2. *Ibid.*, p. 308.

ques d'une inévitable guerre civile; il ne craignit pas de sacrifier la paix publique aux intérêts de sa personne et de son orgueil; ce fut un tort que le patriotisme et le bon sens ne lui pardonneront pas. Mais le tort de M. Perrens, c'est d'avoir fermé de parti pris les yeux à l'évidence de cette vérité; c'est de n'avoir pas voulu reconnaître qu'après le meurtre des conseillers du dauphin, Marcel était devenu un homme *impossible*, comme nous dirions aujourd'hui, et ne pouvait plus que compromettre la noble cause qu'il avait servie et l'entraîner dans sa propre ruine.

Avec une telle différence dans le point de départ, le lecteur comprend de reste que, postérieurement à la date dont il s'agit, j'envisagerais sous un jour tout autre que l'auteur d'*Étienne Marcel*, si le temps me le permettait, les diverses phases de la lutte soutenue par le prévôt des marchands contre le dauphin.

L'appréciation que fait M. Perrens des actes de ce prince après la révolution du 31 juillet est particulièrement empreinte d'inexactitude et d'injustice. Cet écrivain prétend que Charles conserva longtemps après la mort de Marcel des inquiétudes sur la fidélité des Parisiens. La seule preuve qu'il donne de cette assertion, c'est que le dauphin ne retourna point habiter le palais royal, mais alla demeurer au Louvre et à l'Hôtel Saint-Pol[1]. Assertion et argument sont de même force. Depuis que le palais royal avait été ensanglanté par le meurtre de ses conseillers commis en sa présence, le régent ne voulut jamais y rentrer ni, comme on dit vulgairement, y remettre les pieds; d'ailleurs, précisément en face de ce palais se dressait la maison qu'avait habitée Marcel[2]; de sorte que tout, aux alentours de cette habitation comme dans cette habitation elle-même, aurait rappelé au représentant de l'autorité royale, naguère si indignement bravée, un souvenir humiliant et odieux. Je signale ce détail parce qu'il peut donner une idée des suppositions tout à fait arbitraires, quand elles ne sont pas inexactes, que se permet M. Perrens à chaque page de son livre.

La seconde femme d'Étienne Marcel, Marguerite des Essarts, dans des lettres de donation qu'elle obtint *trois mois seulement*

---

1. *Étienne Marcel*, p. 325.

2. Cette maison était située à l'extrémité occidentale de la rue *de la Vieille-Draperie*, aujourd'hui rue *Constantine*, précisément en face le *Palais Royal*. Voy. *Biblioth. de l'Éc. des Charles*, livraison de septembre-octobre 1859, p. 76.

après la mort de son mari est mentionnée comme veuve ; mais rien ne dit que Marguerite ne se soit pas remariée plus tard. Ce veuvage de quelques mois suffit à M. Perrens, et vite il en prend occasion pour faire *une phrase*, qui malheureusement est tout à fait *en l'air*, comme dit très-bien le peuple : « Marcel obtint du moins au foyer domestique ce respect de son nom et ce culte de sa mémoire dont l'espérance est si propre à adoucir nos derniers moments : Marguerite des Essarts, sa veuve, ne voulut point se remarier [1]. » — Quelques lignes plus loin, M. Perrens se laisse induire par le nom de famille de Marguerite, non plus seulement dans une supposition gratuite de tout point, mais dans une véritable erreur. Parce que la veuve de Marcel était née des Essarts, il en conclut qu'elle était proche parente de messire Pepin des Essarts, qui fut, comme on sait, avec Maillart, le principal auteur de la révolution du 31 juillet. Il n'y a qu'un enfant terrible de la critique tel que M. Perrens qui puisse conclure d'une simple similitude de nom à une parenté, surtout lorsque ce nom est aussi commun que celui de des Essarts, surtout lorsque le nom de Pierre des Essarts, père de Marguerite, n'est pas précédé dans la lettre de rémission où il est mentionné du titre de *messire*, ce qui serait contraire à l'usage constant de la chancellerie royale, s'il eût été noble. Tous ceux qui ont étudié cette époque savent d'ailleurs que la famille industrielle à laquelle appartenait Marguerite, très-honorablement posée du reste dans la bourgeoisie parisienne d'alors, n'avait rien de commun avec la puissante et déjà ancienne tige nobiliaire dont messire Pepin des Essarts était un des rejetons.

Rien n'est plus injuste que le reproche de cruauté dont M. Perrens poursuit sans cesse le régent dans la dernière partie de son livre.

Les seules victimes que la sévérité de ce prince voua au dernier supplice furent les complices du meurtre des maréchaux, à l'exception de Nicolas le Flamand, les membres du Conseil secret

---

1. *Étienne Marcel*, p. 339. Marcel s'était bien remarié après la mort d'une première femme nommée Jeanne de Dammartin ; il est fort possible qu'après l'exécution du prévôt, sa veuve Marguerite des Essarts, qu'il avait épousée en secondes noces, se soit remariée à son tour. Le premier mariage de Marcel est maintenant un fait certain, quoique M. Perrens l'ignorât ; il peut en être de même du second mariage de Marguerite des Essarts. L'ignorance de M. Perrens n'est pas même une présomption contre la réalité d'un fait.

de Marcel, ceux qui avaient fait écarteler sans jugement Jean Perret et Thomas Fougnant, et qui avaient fait tuer d'une manière également expéditive Phelippot le Repenti ; ceux enfin qui avaient formé le dessein de livrer le trône de France au roi de Navarre. Les individus sur lesquels pesaient ces crimes ou ces griefs politiques ne subirent, d'ailleurs, la peine capitale qu'après avoir passé en jugement et ne furent point soumis à ces tortures affreuses qui sont une invention de M. Perrens [1]. Ils n'étaient pas si nombreux qu'on ne puisse les compter et faire connaître leurs noms. Ce furent Charles Toussac, Joceran de Mâcon, Pierre Gilles, Gilles Caillart, Jean Prévost, Pierre Leblont, Pierre de Puiseux, Jean Godart et Lebonvoisin mis en oubliette. Il n'y en eut pas d'autres. Thomas de Ladit, chancelier de Charles le Mauvais, fut massacré par les Parisiens eux-mêmes au moment où on le conduisait de la prison du palais à la prison épiscopale. Quant à Michel de Saint-Germain, il fut victime d'une vengeance particulière, qui profita des troubles de la révolution du 31 juillet pour s'assouvir [2].

La confiscation des biens de ces neuf ou dix principaux complices de Marcel, les seuls, je le répète, qui furent condamnés à mort, révolte beaucoup M. Perrens ; il voit dans ce fait une preuve de la cruauté qu'il attribue à Charles V. Il devrait savoir que les condamnations à mort pour crime de lèse-majesté royale entraînaient toujours au moyen âge la confiscation de la totalité des biens de ceux qui en étaient frappés. A l'occasion des nombreuses lettres de rémission accordées à la requête de Jean Maillart, l'auteur d'*Étienne Marcel* veut bien « ne pas nier absolument que ce citoyen fût sensible [3]. »

Lorsque le régent rentra à Paris le 4 août [4], et non le 3 ainsi que le prétend M. Perrens contre l'autorité de Secousse et des titres les plus dignes de foi, on plaça sur sa route les cadavres de Marcel et de ses principaux complices, massacrés le 31 par les Parisiens ou décapités le 2 août par la main du bourreau. M. H. Martin dit à ce sujet avec raison que ce spectacle ne dut pas être agréable au régent. M. Perrens n'est pas de cet avis : « Les âmes

1. *Étienne Marcel,* p. 329 et 330.
2. Arch. de l'Emp., sect. jud., reg. du Parlement, *Jugés,* X 14, fol. 406 et 407.
3. *Étienne Marcel,* p. 337.
4. « ... nobis et dicto exercitu nostro in predicta villa parisiensi *die jovis quarta die mensis augusti* novissime preteriti intratis. » X 14, fol. 406.

froides comme celle du régent, dit le jeune professeur, ne sont pas incapables de se complaire au spectacle de leurs ennemis morts. *Vitellius, que je sache, n'était pas très-ardent* [1].» — C'était bien la peine, ô Charles le Sage, vous dont l'âme était *si froide* que vous ne pûtes survivre à la perte d'une épouse, c'était bien la peine de faire traduire à grands frais la plupart des classiques de l'antiquité, c'était bien la peine de les rassembler avec amour dans votre librairie du Louvre, pour qu'un jour l'un des interprètes officiels de vos chers Anciens ne trouvât rien de mieux que de rappeler à propos de vous le personnage le plus ignoble peut-être de l'histoire..... Vitellius !

Après avoir rapporté la version qu'on trouve avec de légères variantes dans tous les chroniqueurs sur la mort du roi de Navarre, version qui, selon lui, a été inventée à plaisir par des annalistes vendus au roi de France, l'auteur d'*Étienne Marcel*, comparant Charles le Mauvais à Charles le Sage, ajoute ces paroles : « Si l'on n'a rien inventé de pareil pour le duc de Normandie, c'est que sa vie ne fut écrite que par des courtisans, et presque sous sa dictée. *Mais on a pu se convaincre qu'il fut inférieur par la vertu, les talents et les intentions, aux hommes qu'il a fait décrier et flétrir dans l'histoire* [2]. » — Ainsi d'après M. Perrens, Charles le Sage fut inférieur par *la vertu, les talents et les intentions*, non-seulement à Étienne Marcel et à Robert Lecoq, mais même à Charles le Mauvais. Un tel jugement doit porter malheur à l'écrivain qui n'a pas craint de le prononcer.

III.

C'est en vain que j'ai déjà jeté à la mer nombre de critiques que je tenais en réserve pour les soumettre à M. Perrens; je me trouve encore débordé, et je désespère presque d'arriver au but de ma course. Je le sens, hélas ! trop tard, il n'y avait qu'un jeune nautonier comme moi qui pût être assez téméraire pour s'embarquer sur cet océan sans rivage : *immensi tremor Oceani*. Je devrai me contenter désormais d'indiquer les assertions qui me paraissent le plus erronées et paradoxales.

Autant M. Perrens est sévère pour ne pas dire injuste à l'égard

1. *Étienne Marcel*, p. 324, en note.
2. *Ibid.*, p. 354.

du dauphin, autant il montre de complaisance et d'indulgence pour Charles le Mauvais : il a pour ce dernier prince plus que de la sympathie, on serait tenté de dire une, aveugle tendresse. Il faut voir le riant portrait [1] qu'il a tracé quelque part du roi de Navarre [2]. Il faut voir comme il malmène les historiens contemporains qui tous ont été assez malavisés pour voir le plus mortel ennemi de la France et même un scélérat dans le monarque, objet de sa prédilection. Il prétend que ces historiens étaient vendus à la dynastie des Valois. Toutefois, dans l'intérêt même de la réhabilitation qu'il a entreprise, il croit devoir faire habilement quelques concessions : « Sa parole n'était pas sûre, dit l'auteur d'*Étienne Marcel* en parlant de Charles le Mauvais, et il n'avait pas cette horreur du meurtre et du sang qu'une civilisation plus avancée pouvait seule inspirer. Mais c'étaient là jeux de princes [3]. » Personne n'ignore que le roi de Navarre fut toute sa vie l'ami et l'allié des Anglais : aussi l'étonnement du lecteur n'est pas mince lorsqu'on lui parle de « la haine héréditaire de l'Anglais qu'il (Charles le Mauvais) avait sucée avec le lait, *et dont il ne pouvait se défendre* [4]. » Il n'y a que M. Perrens pour vous procurer ces surprises-là.

S'il est un fait qui offre à la critique la plus sévère tous les caractères de la certitude historique, c'est sans contredit la célèbre tentative d'empoisonnement dirigée en 1377 contre Charles V par le roi de Navarre, et dont Jacques de Rue et Pierre du Tertre, l'un chambellan et l'autre secrétaire de Charles le Mauvais, devaient être les agents. Arrêtés avant l'accomplissement du crime, les deux coupables confessèrent, sans contrainte, le forfait que leur maître les avait chargés et qu'ils avaient promis de mettre à exécution. Interrogés séparément et à plusieurs reprises, ils se trouvèrent parfaitement d'accord dans leurs dépositions et firent toujours les mêmes réponses ; leurs interroga-

---

1. Un savant écrivain, dont l'enseignement à l'École Normale est appelé à exercer la plus utile influence sur la jeune génération universitaire, M. Chéruel, a protesté récemment contre cet abus si fréquent du portrait historique. Le judicieux professeur a fait là une bonne action. Les leçons et les exemples d'un tel maître doivent faire sentir à ses élèves combien il est misérable de sacrifier ce qu'il y a de plus sacré au monde, la vérité historique, à une préoccupation excessive de l'effet politique ou littéraire.

2. *Étienne Marcel*, p. 46 et 47.

3. *Ibid*, *ib*.

4. *Ibid*., p. 62.

toires, qui nous sont parvenus, et où sont consignés les détails
les plus précis et les plus circonstanciés sur tous les préliminaires
de l'empoisonnement projeté, sont revêtus du visa et de la signa-
ture autographes des deux criminels [1]. Eh bien, M. Pérrens ne
veut reconnaître qu'une chose, c'est que cette tentative d'empoisonnement « ne manque pas de vraisemblance ; » mais elle
lui paraît « mal prouvée [2]. » Il serait à souhaiter pour l'auteur
d'*Étienne Marcel* que toutes les assertions contenues dans son
livre fussent aussi bien prouvées que ce fait qui lui semble si
mal établi.

Froissart parle quelque part, non plus d'une simple tentative
déjouée à temps comme en 1377, mais d'un empoisonnement
effectif dont Charles le Mauvais se rendit coupable envers le dauphin, alors que celui-ci n'était encore que duc de Normandie : « Et
receut venin : et fut si avant mené que les cheveux de la teste
luy cheurent tous, et les ongles des mains et des piés ; et devint
aussi maigre qu'un baston et n'y trouvoit on point de remede [3]. »
M. Perrens prétend que Froissart veut ici parler de l'événement
de 1377. Mais on ne peut admettre que ce chroniqueur ait anti-
daté d'une vingtaine d'années un fait aussi important, ni surtout
qu'il ait confondu une simple tentative d'empoisonnement restée
à l'état de projet avec un empoisonnement effectif dont la mise à
exécution eut une influence si notablement désastreuse sur la
santé de la victime. « En 1355, ajoute l'auteur d'*Étienne Marcel*, les
deux jeunes princes étaient unis d'une étroite et sincère amitié [4]. »
—Froissart ne dit nullement que cet empoisonnement fut commis en 1355 ; il dit seulement qu'il eut lieu alors que le dauphin,
qui fut depuis Charles V, n'était encore que duc de Normandie ; or,
comme ce prince eut le duché de Normandie en apanage depuis
l'an 1355 jusqu'en l'an 1364, il fut assez souvent en lutte avec
son cousin de Navarre pendant ce long intervalle pour qu'il n'y ait
pas lieu de révoquer en doute l'imputation de Froissart au nom
de cette amitié qu'allègue M. Perrens. — La troisième raison que
fait valoir l'auteur d'*Étienne Marcel* contre le texte de Froissart
est la plus curieuse : « Christine de Pisan, biographe de Charles V, parle « d'une griève et très-longue maladie » qu'il eut dans

1. Secousse, *Histoire de Charles le Mauvais*, p. 171-191.
2. *Étienne Marcel*, p. 63, not. 1, l. 12 et 13.
3. Froissart, *Chron*, l. II, ch. 70, éd. du *Panthéon*, t. II, p. 110.
4. *Étienne Marcel*, p. 63, not. 1.

sa jeunesse, et qui eut sur sa constitution tous les effets que Froissart donne à la tentative d'empoisonnement. Or, Christine de Pisan dit qu'elle ne sait à quelle cause lui vint cette maladie. Évidemment elle n'aurait pu ignorer une tentative d'empoisonnement, et puisque les effets signalés par Froissart remontent à une maladie plus ancienne, n'y a-t-il pas de fortes raisons de douter du crime imputé au roi de Navarre [1] ? » — Ainsi, désormais, un historien contemporain aura beau faire mention de l'empoisonnement d'un prince, il aura beau indiquer avec précision les effets singuliers produits par cet empoisonnement sur la santé de la royale victime, si ce prince a eu antérieurement, dans sa jeunesse « une grière et très-longue maladie, » il y aura de fortes raisons de douter de l'empoisonnement constaté par l'historien !

M. Perrens oppose à la version universellement admise de la mort du roi de Navarre la même intrépidité de négation qui lui a servi à repousser les accusations relatives aux actes les plus coupables et les plus avérés de la vie de son protégé. On sait la fin tragique de Charles le Mauvais : il fut brûlé vif en voulant faire réchauffer à l'aide d'un moyen artificiel ses membres refroidis et usés prématurément par la débauche. Telle est au fond la version de tous les chroniqueurs contemporains : les variantes ne portent que sur des détails insignifiants, et prouvent seulement que ces annalistes ne se sont pas copiés les uns les autres. L'un d'eux, le moine de Saint-Denis, a rapporté la lettre qu'écrivit à l'occasion de cette mort l'évêque de Dax, un des ministres et courtisans du roi de Navarre, à Blanche, veuve de Philippe de Valois et sœur du défunt. Cette pièce, d'après laquelle Charles le Mauvais aurait rendu le dernier soupir dans les sentiments de piété les plus édifiants, ne contredit d'ailleurs en rien le témoignage unanime des chroniqueurs sur le genre de mort de ce prince ; elle doit même inspirer une confiance encore plus entière dans le récit du moine de Saint-Denis, qui nous l'a conservée, puisqu'elle est une preuve de l'impartialité de cet annaliste envers le roi de Navarre. M. Perrens n'a pas été ébranlé par cette unanimité de témoignages : « Il est permis, dit-il, à la critique de révoquer en doute de semblables histoires [2]. » — Si cela est permis à la cri-

---

1. *Étienne Marcel*, p. 63.
2. *Ibid.*, p. 354.

tique, il faut alors reconnaître tout uniment que la certitude historique est une chimère.

Quand on est une fois en si beau chemin, il n'y a plus aucune raison de s'arrêter. L'auteur d'*Etienne Marcel* l'a compris ainsi, et, pour donner un dernier coup de pinceau à son portrait de Charles le Mauvais, il a imaginé de prêter à ce prince, devinez quoi?... des dispositions au gouvernement constitutionnel. Ce n'est pas, comme on l'avait cru jusqu'ici, dans des vues d'ambition personnelle que Robert Lecoq se montra en toute occasion le partisan dévoué du roi de Navarre. Selon M. Perrens, c'est uniquement parce que « ce prince était le plus aimable des hommes, et, selon toute apparence, le plus capable de supporter le poids du gouvernement [1], » ou encore « parce qu'avec lui on avait l'espérance de voir s'établir *un gouvernement national et libre.* [2] » On avait pensé aussi que ce même Robert Lecoq et Jean de Picquigny, en faisant demander au mois de novembre 1357, par les états, la délivrance de Charles le Mauvais, n'avaient songé qu'à rendre ainsi un éminent service à ce prince, dont les intérêts étaient les leurs. L'auteur d'*Etienne Marcel* a changé tout cela. Selon cet écrivain, ces deux hommes avaient toujours marqué leur dévouement aux intérêts populaires, et ils ne faisaient qu'en donner une nouvelle preuve dans cette circonstance : « Il (Marcel) les invita donc à une conférence secrète où se trouvèrent, entre autres, les quatre échevins, *Robert Lecoq et Jean de Picquigny,* c'est-à-dire les premiers représentants de la bourgeoisie, *et les deux hommes du clergé et de la noblesse qui avaient toujours marqué leur dévouement aux intérêts populaires. On ne sait qu'une chose des délibérations de cette poignée d'hommes, qui étaient pour lors l'âme et le génie de la France, c'est qu'ils décidèrent de demander au duc de Normandie la délivrance du roi de Navarre [3]. »* — Je serais curieux de savoir en quoi le seigneur picard Jean de Picquigny avait montré le constant dévouement aux intérêts populaires dont M. Perrens lui fait honneur : une telle assertion était assez neuve pour que cet écrivain prît la peine de citer les autorités sur lesquelles elle s'appuie. Et puis, l'auteur d'*Etienne Marcel* a beau s'écrier avec emphase que cette

---

1. *Étienne Marcel,* p. 86.
2. *Ibid.,* p. 368.
3. *Ibid.,* p. 149.

poignée d'hommes était pour lors l'âme et le génie de la France, il est permis de trouver tout au moins étrange que cette âme et ce génie n'aboutissent qu'à demander la délivrance du roi de Navarre.

Mais cela n'a rien d'étrange pour M. Perrens, qui pense que la bourgeoisie se montrait favorable au roi de Navarre, non-seulement parce qu'elle voulait, en opposant ce prince au dauphin, tenir ainsi la royauté en échec, mais encore parce qu'elle trouvait en lui les qualités d'un roi constitutionnel : « Il semblait, dit cet écrivain, que la bourgeoisie, en voyant le dauphin s'unir à la noblesse, comprît instinctivement qu'il lui fallait mettre un prince à sa tête, et qu'elle n'en trouverait point de plus disposé à la défendre que Charles le Mauvais [1]. » — Je ferai remarquer, à ce propos, que l'auteur d'*Etienne Marcel*, lorsqu'il veut, dans plusieurs passages de son livre, tirer un puissant argument en faveur du roi de Navarre de la déférence que l'Université montra pour ce prince en plusieurs occasions, se méprend sur l'origine et la vraie cause de cette sympathie. Cette prédilection n'avait rien de personnel à Charles le Mauvais, et tous les rejetons de la branche de Navarre en reçurent indistinctement, au quatorzième siècle, les mêmes témoignages que ce monarque. Toute cette famille était chère à l'Université, parce que Jeanne de Navarre, femme de Philippe le Bel et bisaïeule de Charles le Mauvais, avait fondé en 1304 le célèbre collége de ce nom. Si vous ajoutez à cela que l'arrière-petit-fils de la reine Jeanne maniait la parole comme un véritable maître ès arts, vous aurez l'explication naturelle de cette espèce de popularité universitaire dont jouissaient du reste, je le répète, tous les princes de la maison de Navarre.

M. Perrens parle quelque part de la manière la plus plaisante des tentations de gouvernement personnel, de despotisme, qui venaient parfois assaillir Charles le Mauvais, et faisaient échec à ses tendances bourgeoises et constitutionnelles : « Le plus grand obstacle au progrès de la cause populaire, c'est que le succès en paraissait désespéré à ceux-là même dont l'intérêt était de la soutenir. *Le roi de Navarre, voyant qu'on ne songeait pas à le rendre maître de toutes choses*, s'empressa de quitter Paris quand il eut entre les mains ce que l'on consentait à lui donner : *il ne s'y sen-*

---

1. *Étienne Marcel*, p. 154.

tait pas chez lui, et il ne savait pas s'il devait servir ou trahir ces bourgeois qui voulaient un allié, non un seigneur. » — Ai-je besoin de faire remarquer d'abord que rien n'autorise à prêter à Charles le Mauvais une hésitation aussi singulière; l'imagination de M. Perrens en a fait tous les frais. Il y a de plus, dans ce passage, une contradiction choquante. Si le roi de Navarre, comme l'auteur d'*Etienne Marcel* le dit lui-même, et comme on n'en peut douter, ne songeait qu'à se rendre maître de toutes choses, pourquoi nous est-il représenté deux lignes plus bas hésitant s'il devait servir ou trahir ces bourgeois qui voulaient un allié, non pas un seigneur. Quand on donne ainsi libre champ à son imagination, et qu'on ne se refuse pas les suppositions les plus gratuites, les plus invraisemblables, on devrait au moins les faire accorder un peu mieux entre elles.

Certes, la fantaisie historique de quelques écrivains de ce siècle nous avait déjà valu de bien jolies choses; je doute néanmoins qu'il y en ait beaucoup de plus réjouissantes que ces dispositions bourgeoises et constitutionnelles dont M. Perrens fait honneur, non sans contradiction, il est vrai, à Charles le Mauvais.

IV.

J'aime à le redire, dans la lutte soutenue par Étienne Marcel contre le dauphin Charles, l'avantage moral me paraît être du côté du prévôt avant le meurtre des maréchaux de Normandie[1] et de Champagne; après ce meurtre, du côté du prince. Cet assassinat changea complétement la situation. Avant ce moment, c'était une question générale qui se débattait; à partir de cet instant, ce fut au fond avant tout une question personnelle. On a vu que M. Perrens n'est pas de cet avis. Il suit de là que sur presque tous les actes de Marcel postérieurs au crime dont je parle, j'aurais à porter un autre jugement que mon contradicteur. Comme il m'est impossible d'entrer en discussion avec M. Perrens sur chacun de ces faits, je n'en prendrai qu'un seul, le dernier et le plus important de tous, il est vrai : je veux parler de ce fameux dessein de livrer clandestinement Paris et le trône de France au

---

1. *Maréchal de Normandie* se dit par abréviation pour *maréchal du duc de Normandie*, car tel était le titre exact de Robert de Clermont. *Histoire de Charles le Mauvais*, p. 192.

roi de Navarre, qui devait amener la fin tragique du prévôt des marchands. En voyant la controverse que j'établirai sur ce point, le lecteur suppléera facilement à celles que je n'ai pas le temps d'élever sur tous les autres ; il se fera de plus une idée exacte de la nature et de la portée du dissentiment qui me sépare de mon antagoniste.

Au moment où Marcel forma le projet de livrer Paris et le trône de France au roi de Navarre, l'exaspération des Parisiens contre ce prince et contre ses gens d'armes était arrivée à son comble. Quelques jours seulement après avoir accepté le titre de capitaine de Paris, quelques jours après avoir fait serment de vivre et de mourir avec les habitants de cette ville, Charles le Mauvais les avait coup sur coup indignement trahis. Un jour les volontaires parisiens, réunis aux compagnies de Navarre, s'étaient avancés sous les ordres de leur nouveau capitaine contre les troupes royales ; ils venaient de joindre une troupe de gens d'armes à la solde du régent : quelle ne fut pas leur surprise en voyant le roi de Navarre, au lieu d'engager le combat, traiter en amis les chefs du parti opposé, et donner presque aussitôt, sans coup férir, l'ordre de la retraite [1] ! Bientôt même Charles le Mauvais faisait un traité avec le duc de Normandie à l'insu des Parisiens, par lequel il abandonnait ceux-ci, et promettait, non-seulement qu'ils rentreraient dans l'obéissance, mais encore qu'ils donneraient en deux fois 800,000 écus d'or [2]. En outre, ses gentilshommes ne cessaient de rivaliser de déprédations avec ceux du régent [3]. Irrités de tant de déloyauté et de perfidie, les Parisiens tuèrent un jour un certain nombre de brigands licenciés par le prince de Galles que le roi de Navarre avait cédés à Marcel, et que la commune de Paris avait pris à sa solde. C'est en vain que le roi de Navarre vint à Paris et chercha à se disculper ; il ne fut accueilli que par des murmures et des huées. D'un autre côté, ses mercenaires, pour venger leurs camarades, incendièrent presque aussitôt le bourg Saint-Laurent. Un autre jour, ils massacrèrent par surprise six cents Parisiens, au moment où ceux-ci, harassés par une longue excursion, rentraient tranquillement dans Paris. Enfin, le lendemain de cette boucherie, ils tuèrent cent vingt bourgeois désarmés qui s'étaient avancés dans la cam-

1. *Étienne Marcel*, p. 278 et 279.
2. *Ibid*, p. 289.
3. *Ibid*, p. 287.

pagne pour donner la sépulture à leurs parents morts. Par suite de ces griefs d'une gravité croissante, l'aversion que les Parisiens ressentaient contre le roi de Navarre et ses gens d'armes était devenue une haine irréconciliable ; cette haine, de la fureur. Eh bien, c'est dans de telles circonstances, c'est à un tel prince que Marcel, contre la volonté et à l'insu des Parisiens, forma le dessein de livrer sans condition Paris et le trône de France. Si jamais acte mérita le nom de trahison, assurément c'est celui-là. M. Perrens ne veut pas en convenir : « Dans la réalité cependant, dit-il, il n'y avait point de trahison, mais seulement une tentative prématurée[1]. » Cet écrivain entreprend donc de justifier de tout point Étienne Marcel ; il fait valoir pour cela plusieurs raisons et allègue plusieurs excuses ; je vais les rapporter fidèlement et les examiner les unes après les autres.

« Il y avait sans doute, dit M. Perrens, de l'inconvénient à faire cette révolution sous les yeux des Anglais, toujours prêts à profiter de nos discordes ; *mais l'amitié qu'ils n'avaient cessé de marquer au roi de Navarre permettait de croire qu'ils ne traverseraient pas le dessein de le porter sur le trône*[2]. »

Charles le Mauvais fut toute sa vie la créature de l'Angleterre, dont il était soudoyé, et c'est une des raisons qui doivent faire condamner avec le plus de force le projet qu'avait formé Marcel de livrer le trône de France au roi de Navarre. Il faut tout le bon vouloir de M. Perrens pour voir dans cette circonstance aggravante une excuse de la trahison du prévôt. Sans doute c'est la France, et non pas l'Angleterre, qui aurait traversé le dessein de porter le roi de Navarre sur le trône ; seulement, si ce dessein avait réussi, le roi Édouard d'Angleterre, à titre de patron et de soutien de Charles le Mauvais, aurait voulu avoir sa part du gâteau et n'aurait pas manqué de se faire celle du lion.

« *Étienne Marcel*, dit encore M. Perrens, *n'ignorait pas que les peuples, incapables, pour l'ordinaire, de prendre ces résolutions soudaines qui décident des événements, se soumettent aux mesures qu'on a prises sans eux ou contre eux, et que, pour les gagner, ou du moins pour leur imposer silence, il n'y a qu'à ne pas leur donner le temps de se reconnaître*[3]. »

---

1. *Étienne Marcel*, p. 310.
2. *Ibid.*, p. 310 et 311.
3. *Ibid.*, p. 310.

Je crois qu'en général il est sage de ne point glorifier les coups d'État, y compris même ceux qui ont eu les meilleurs résultats. Que dire donc de la pensée que M. Perrens prête à Marcel pour le justifier, ou du moins pour l'excuser, et qui peut servir, au même titre, à justifier tous les coups de main, toutes les violences, toutes les trahisons, en un mot, tous les despotismes. L'auteur d'*Étienne Marcel*, qui revendique le beau nom de libéral, regrettera, j'en suis sûr, d'avoir écrit cette phrase. Il devra regretter plus encore d'avoir écrit les deux phrases suivantes, toujours pour justifier Marcel du reproche de trahison, lorsque ce prévôt forma le dessein de livrer Paris et le trône de France au roi de Navarre : « Dans la réalité, dit cet écrivain, il n'y avait point de trahison, mais seulement une tentative prématurée. La forte intelligence des chefs de la bourgeoisie pouvait seule comprendre, en ce temps-là, que *la France* n'appartenait ni à Jean ni à Charles, et qu'elle *devait être maîtresse d'elle-même* [1]. »

Et plus loin : « Quel magnifique résultat et quel progrès pour la France, si *le gouvernement de la nation par elle-même* y eût prévalu dans le même temps qu'il s'établissait en Angleterre [2] ! »

Ainsi, provisoirement et dans l'espèce, le meilleur moyen, d'après M. Perrens, de *faire prévaloir le gouvernement de la nation par elle-même*, c'était de livrer, malgré Paris et malgré la France, Paris et le trône de France à Charles le Mauvais, à cet ami, ou plutôt à ce client soudoyé des Anglais, à ce meurtrier déloyal de Cale, à cet exterminateur féroce des Jacques, à ce roi des Compagnies, qui était généralement détesté en France, et qui était devenu odieux aux Parisiens eux-mêmes depuis qu'il les avait indignement trahis ! Le meilleur moyen de *rendre la France maîtresse d'elle-même*, c'était de mettre les Parisiens, à leur insu et sans condition, à la merci des gens d'armes navarrais, leurs plus mortels ennemis, à la merci de ces incendiaires du bourg Saint-Laurent, de ces massacreurs encore tout chauds du sang de six cents Parisiens égorgés par surprise près de la porte Saint-Honoré, qui étaient allés jusqu'à profiter de la piété des Parisiens envers leurs morts pour tuer sans pitié une centaine d'inoffensifs bourgeois ! Je croirais faire injure à mes lecteurs en insistant davantage sur de telles aberrations. Il faut se contenter de les

1. *Étienne Marcel*, p. 310.
2. *Ibid.*, p. 311.

signaler et plaindre sincèrement l'écrivain qui, cédant à l'influence de la passion et du parti pris, n'a pas craint d'offenser d'une manière aussi révoltante, je ne dis pas seulement la vérité historique, mais même le sens commun.

V.

Je terminerai ici mon examen du livre de M. Perrens. Je crois avoir prouvé que ce livre est à peu près dépourvu de nouveauté dans les recherches, qu'il est rempli d'erreurs de détail, enfin que les idées nouvelles qui le dominent et le résument sont des paradoxes.

Ces réserves faites au nom de la saine critique et de la vérité historique, il serait souverainement injuste de ne pas reconnaître les rares qualités qui recommandent l'ouvrage du jeune professeur. On y trouve une finesse d'aperçus, une habileté d'exposition, une entente et une adresse de mise en œuvre, qui, pour être employées trop souvent au service d'insoutenables paradoxes, n'en sont peut-être que plus frappantes. L'art savant du récit ajoute encore, s'il est possible, à l'intérêt déjà si grand et si dramatique qu'offent en eux-mêmes les événements. Le style manque, il est vrai, de nerf, d'élévation, de précision et d'éclat ; mais il se distingue en revanche par une facilité, une limpidité, une élégance soutenues qui rendent la lecture de l'ouvrage très-agréable. Il y a plus. Si les erreurs commises par M. Perrens n'étaient pas si capitales et si choquantes, elles passeraient presque inaperçues, tant il y a de ruse stratégique dans les précautions, les atténuations, les restrictions, les insinuations, les réfutations préventives, dans les contradictions mêmes auxquelles l'auteur d'*Étienne Marcel* a recours presque sans cesse pour faire accepter plus facilement ses paradoxes et assurer, comme on dit, ses derrières. Le livre de M. Perrens respire, d'ailleurs, cette vivacité inquiète d'une conviction sincère qui voudrait être plus sûre d'elle-même et qui reste néanmoins troublée. Enfin, cet ouvrage est encore, malgré ses imperfections, l'étude la plus détaillée que l'on ait faite depuis Secousse sur Marcel et la révolution dont il fut le chef.

Après les recherches approfondies de l'historien de Charles le Mauvais, après les aperçus nouveaux de MM. Michelet, Augustin Thierry, J. Quicherat, H. Martin, il n'y avait vraiment plus rien de neuf à découvrir sur ce mouvement politique au point de vue des faits, ni rien de vrai à ajouter au point de vue de leur appréciation. Seulement, il y avait lieu peut-être de résumer dans un livre spécial, d'un format commode et d'une lecture agréable, ces travaux épars, afin de les populariser et de les répandre ainsi dans la masse du public. Par la facilité et l'aisance de son style, par le talent d'exposition qu'il possède, sinon par la sûreté de son jugement et la maturité de son savoir, l'auteur d'*Étienne Marcel* était un des hommes les plus capables d'écrire ce livre. On doit donc doublement regretter que le défaut de critique, une prévention passionnée, le désir de paraître neuf et original à tout prix, aient empêché M. Perrens d'accomplir cette tâche utile et tout à fait appropriée au genre de mérite qui le distingue. Il pouvait faire si bien l'office d'un *traduttore*, comme disent les Italiens : pourquoi n'a-t-il été si souvent qu'un *traditore?*

SIMÉON LUCE.

(Extrait de la Bibliothèque de l'École des chartes, 5ᵉ série, t. I.)

Paris. — Typographie de Firmin Didot frères, fils et Cᵉ, rue Jacob, 56.

Paris — Typographie de Firmin Didot frères, fils et Cie, rue Jacob, 56.